思い通りに人をあやつる 101の心理テクニック

神岡 真司 著 Shinzi Kamioka

Forest 2545 Shinsyo

プロローグ

人の心を
制するものが
人生を制する！

▼人の心がわかれば人生を思い通りにデザインできる！

本書を手にとっていただき、ありがとうございます。

あなたには、こんな思いがありませんか。


「あの人はなぜ、私につらく当たるんだろう？　やめてほしいのに……」

「いつも相手のペースに乗せられてしまい、自分の考えや方向とは違う結果になる……」

「ここぞというクロージングの場面でも、相手をうまく説得できない……」

「あの人に近づいて、仲良くなりたいけど、どうしていいのかわからない……」


こんなふうに、なかなか思い通りに行かないのが、人間関係でしょう。

相手の気持ちが読めないもどかしさ……。

相手にあやつられてしまう自分の不甲斐なさ……。

イエスと言ってほしいのに、そうとはならない焦燥感……。

自然な形で親しくなりたいのに緊張のあまり、ぎこちなさが前面に出てしまう……。


人を思いのままにあやつれるようになれたら、どんなに人生が快適になることか――。

そんな願望を、あなたはずっと抱いて来たのではありませんか？


本書を読んでいただくことで、あなたの長年の悩みは解消されます。

人の心の動きが、よくわかるようになるからです。

人の心の動きがわかれば、対処法も明らかになります。

人の心をどう刺激すれば、どう反応するのか――それがわかれば、あなたの望む方向へと相手を導くこともできるからです。

自分の思い通りに、人を誘導していける――ということは、大きなメリットです。

自分に沢山のチャンスが訪れるように仕向けることができるからです。

つまり、自分の思い描いた人生を、自分にもたらすことが可能になるわけです。

自分の人生をデザインできるなんて、とても素晴らしいことだとは思いませんか。

▼人の心を動かすのはコミュニケーションの方法にかかっている！

ところで、人の心を「あやつる」とか、「動かす」というのは、まさしくコミュニケーションの方法にかかってくるものです。

米国で年収50万ドル以上を稼ぐエグゼクティブ層への調査では、**自分が成功した要因に「コミュニケーション力」を挙げる人が一番多い**ことは、よく知られています。

一代で人生の成功をつかんだ人たちは、コミュニケーションの巧拙《こうせつ》こそが、人生におけるさまざまなチャンスをもたらす要因だった——と過去を振り返り確信しているのです。

では、コミュニケーションの巧拙とは、いったい何なのでしょうか。

おしゃべり好きで陽気なタイプが、コミュニケーションが上手なのでしょうか？

あるいは、無口で冷静なタイプは、コミュニケーションが下手なのでしょうか？

いずれも、正解ではありません。

コミュニケーションが巧みな人とは、相手の心にフォーカスできる人のことです。

相手の心を読み、相手の心を上手に刺激して、自分の思い通りの方向にあやつれる人こそ、コミュニケーション上手と言えるのです。

ゆえに、心理学に通じておくことが必要になるのです。

心理学では、人間の心を扱っています。心の動きを、科学的に洞察し、仕組みを解明しています。**心理学を知らずして、相手の心にフォーカスするのは、難しい**のです。

ゆえに、本書では、心理学をわかりやすく解説することに心を砕きました。

「人を動かす」「人をあやつる」心理テクニックを次々と紹介していきます。

いずれも、心理学で実証された方法論に基づいた技法ばかりです。

人生のあらゆる場面で、知っていると有利になり、必ず役に立つ心理テクニックです。

これらの心理テクニックを、あなたのコミュニケーションに生かしていただくだけで、思い通りに相手を誘導することが可能になるわけです。

▼6つのカテゴリーで心理テクニックが自然に身につく！

本書では、さらに項目毎に、心理学的考察のポイントがわかるよう、6つのカテゴリー別の分類を行いました。これで、人の心のどこを刺激すべきかが明確になります。

◎承認欲求の充足……「認められたい・ほめられたい」という人の本能を充足させる方法
◎ディスペーシング法……他人の攻撃や抑圧から、自分の心を守るための賢い防御の方法
◎行動習慣の是正……自分に迷惑を及ぼす人への行動習慣を上手に改めさせる方法
◎説得の技法……説得すべき場面における説得効果を最大限に高めるための方法
◎コミュニケーション技法……対人関係を向上させてチャンスをもたらすための方法
◎思考・イメージの操作……他人の思考やイメージに影響力を及ぼしメリットを得る方法

こうしたカテゴリー別に整理することで、これらをどう組み合わせるかといった戦略的・戦術的な使い勝手も期待できるでしょう。

心理学のテクニックは、実際に使ってみることで、身につきます。使えば使うほどに、あなたのコミュニケーション力は磨かれ、周囲への影響力も一層増していくものです。ぜひ、一日にひとつずつでも、実践されんことを——と願っています。

最後に、本書の構成を簡単に紹介しておきます。

第1章は、苦手な相手への「攻略と防御」の対処法をお届けしていきます。
第2章は、説得の効果を高める技法を中心に紹介します。
第3章は、自分の上手な売り込み方を、アプローチの仕方からお伝えしていきます。
第4章は、自分が主導権を握るための戦略的方法論になります。
第5章は、扱いづらい相手への心理テクニックによるコントロール法です。

本書が、あなたのコミュニケーション力を飛躍的に向上させる糧となれば幸いです。

思い通りに人をあやつる101の心理テクニック◎目次

プロローグ……3

第1章 イヤな相手・苦手な人物を攻略する

1 苦手な人物にスムーズにアプローチする……22
2 会話が弾まない苦手な人物の心を開かせる……24
3 激昂するパワハラ上司や凶悪クレーマーを黙らせる……26
4 謝罪時に相手の追及を緩和する……28
5 不当な要求を実現しようとする相手に乗せられない方法……30
6 反対せずに異論を唱える……32

7 皮肉屋やイヤミな人への切り返し法……34
8 意地悪な人への切り返し法……36
9 面と向かって悪口を言ってくる人への切り返し法……38
10 取りつく島のない人に耳を傾けてもらう……40
11 アルコールが入ると絡んでくる人を御する……42
12 下品で非常識な人の言動を是正する……44
13 しばしば遅刻する不埒な部下の行動を改めさせる……46
14 会話の途中ですぐに感情的になる相手をコントロールする……48
15 頑固一徹で自分のやり方を変えない人物を従わせる……50
16 女性上司が男性部下を操縦する方法……52
17 マイナス面が多い気弱な部下をフォローする……54
18 無茶な目標を押し付けてくる上司の要求を下げさせる……56

19 面従腹背の部下の行動を改めさせる……58
20 ホウレンソウをしない「仕事の出来る部下」を更生させる……60
21 生意気な相手を手玉にとって動かす方法……62
22 相手の挑発に乗せられない方法（その1・「体感コントロール法」）……64
23 相手の挑発に乗せられない方法（その2・「意識コントロール法」）……66

第2章 ノーをイエスに変える

24 不意打ちの要求や質問でイエスと言わせる……70
25 希少価値を強調してイエスと言わせる……72
26 ライバルを蹴落としてイエスと言わせる……74
27 ノーが言いにくい状況を作ってイエスと言わせる……76

28 相手の知性に鑑みてイエスと言わせる……78
29 「アレレ？」と思わせてイエスと言わせる……80
30 ほどほどにけなすことでイエスと言わせる……82
31 憐れみや同情を誘ってイエスと言わせる……84
32 ロジックの枠をはめ直してイエスと言わせる……86
33 比較させることでイエスと言わせる……88
34 驚愕させてイエスと言わせる……90
35 優柔不断で決断できない人にイエスと言わせる……92
36 大義名分を押し立ててイエスと言わせる……94
37 仮想のイメージを膨らませることでイエスと言わせる……96
38 仮定の選択肢で誘導してイエスと言わせる……98
39 「お願いされる側」の立場に回ってイエスと言わせる……100

40 イエスと言うのが当たり前と思わせてイエスと言わせる……102
41 交渉の場を「ホーム」にしてイエスと言わせる……104
42 本質を見誤らせてイエスと言わせる……106
43 引っ込みがつかない形に誘導してイエスと言わせる……108
44 小さなお願いを呑ませてから、次々とイエスと言わせる……110
45 最初の要求を断らせてから次の要求にイエスと言わせる……112

第3章 意中の相手のハートを撃ち抜く

46 戦略的に心理ステップを踏む……116
47 自分の第一印象を操作する……118
48 自分のイメージを作るワザ……120

49　単純接触で距離を縮める……122
50　価値観を共有して安心させる……124
51　お互いを補い合う関係になる……126
52　「実は……」と自己開示する……128
53　お願いすることで優越感をくすぐる……130
54　ドキドキさせて意識させる……132
55　論理より感情に訴える……134
56　禁止することで注意をひく……136
57　すでに嫌われてしまっている場合の裏ワザ……138
58　「これはホンモノだ!」と感心させる……140
59　相談に乗ることで依存心理を深める……142
60　ネガティブ・コンテンツ連合を組む……144

61 ボディタッチで親密度を深める……146
62 暗示誘導して「予言者」になる……148
63 「自分を理解してくれる人」と思わせる……150
64 「また会いたい」と思わせる技術……152
65 「常識的な判断」でひと押しする……154
66 反対・障害を作って「錯覚」を生じさせる……156
67 風評効果を利用する……158

第4章 自分のペースに乗せて相手を丸め込む

68 こちらへの好奇心を刺激して相手を丸め込む……162
69 不安をあおって相手を丸め込む……164

70 ターゲットを定めて「極小のお願い」をする……166
71 アンケート調査をうまく操作する……168
72 「コレ、よかったらどうぞ」の小ワザで丸め込む……170
73 「ナンバーワン効果」で相手を丸め込む……172
74 「あなたは○○ですね」と評価を定めて相手を丸め込む……174
75 「それは無理です！」「できません！」とあえて断る……176
76 「嘘の不可抗力」を用いて丸め込む……178
77 「時間差」を設けて謝罪することで丸め込む……180
78 「もう売り切れました」「すでに終わりました」で丸め込む……182
79 「どのぐらい？」と時間を質問することで丸め込む……184
80 「何とかなりません？」と相手に相談することで丸め込む……186
81 数字データを示して相手を丸め込む……188

82 「もしかして」「たとえばの話」として本音を探り出す……190
83 他人をダシに使ってほめて丸め込む……192
84 「ここだけの話ですが」と言って相手を丸め込む……194
85 煮え切らない相手を二者択一式で丸め込む……196
86 会議で主導権を握って相手を丸め込む……198
87 「全員一致効果」で相手を丸め込む……200

第5章 どんな相手でも手玉に取って攻略する

88 「時間に厳しい人」を手玉に取る……204
89 「プライドの高い人」には「助けてください」と頼む……206
90 「ほめられ慣れている人」をほめる……208

91 「わがままな人」には「○○の立場になってみろ」と迫る……210
92 「失意の人」には「どうしたの?」と寄りそう……212
93 「真面目な人」の「罪悪感」を消す……214
94 「ほめ上手な人」には「ほめ返す」……216
95 屁理屈を言い続ける「非論理的な人」を手玉に取る……218
96 理不尽に「毛嫌いしてくる人」を手玉に取る……220
97 幸せアピールをしたがる「ウザイ人」を手玉に取る……222
98 「絶対儲かりますから」と絡みついてくる人を手玉に取る……224
99 「自分の話ばかりする人」を手玉に取る……226
100 「論理的に思考する人」を手玉に取る……228
101 「占いやオカルトにはまっている人」を手玉に取る……230
エピローグ……232

フォーマットデザイン　ｐａｎｉｘ（斎藤啓一）
カバーデザイン　河村誠
ＤＴＰ　株式会社キャップス

第1章

イヤな相手・苦手な人物を攻略する

テクニック

1

苦手な人物にスムーズにアプローチする

承認欲求の充足「相談」

自分の職場に「イヤな相手・苦手な人物」がいる――と答えた人は、男性で約65%、女性で約62%にのぼります（ネット専業リサーチ会社による就業意識調査）。そうしたイヤな相手、苦手な人物には、できれば近づきたくないというのが本音でしょう。顔も合わせたくなければ、会話もしたくない。できれば常に避けて通りたいはずです。するど、行動がどうしても、ちぐはぐで不自然になっていきます。

しかし、これでは、**「返報性の原理」**で相手からも確実に嫌われてしまいます。相手の立場になって想像してみてください。自分を避けてくる人物は、自分を嫌っているからだ――と思います。そんな相手に好意を抱くはずはないのです。

こんな状況は早く打開しておかなければいけません。でないと、ビジネスの現場では、遠からず不利益を被る恐れ大だからです。

自分のほうから、うまくアプローチする方法があるので、覚えておきましょう。

「あのう、山田さん。○○のこと、お詳しかったですよね。

いろいろと教えていただけないでしょうか？

ぜひ、ご相談に乗っていただきたいことがあるんですよ」


相手の自尊心を満たす言葉を添えながら、相談をもちかけるだけでよいのです。

自分を遠ざけるかのように振る舞っていた人から、こんな言葉をかけられたなら、悪い気はしないでしょう。教えを請われたのですから、先生の立場にもなっているのです。

自分を避けているように見えたのは、自分の知性や見識に畏敬の念を抱いていたからか――とさえ思えてくるでしょう。ただの錯覚だったのか――と考えも改まります。

全面的に武装解除を施したアプローチは、人を安心させるのです。

こうして、自分のほうから、胸襟を開いてしまえばカンタンです。

イヤな相手、苦手な人物が、もはやそうではなくなるからです。

仕事でも、趣味でも、相手の得意分野、関心の高い分野を狙い撃ちしてあげましょう。

テクニック

2

会話が弾まない苦手な人物の心を開かせる

承認欲求の充足「アロンソンの不貞の法則」

人は、自分のことや好きなモノ、興味のあることについて話している時が、一番楽しいものです。

時間を忘れてリラックスし、気がつくと自分だけが饒舌《じょうぜつ》になっていたりするでしょう。

自分の話を熱心に聞いてくれる人がいたら、誰だって気分がよくなるのです。

それは、「認められたい・ほめられたい」という**承認欲求**が満たされるからです。

「聞き上手は話し上手」といわれるように、聞き上手な人は誰からも好かれます。

自分を認めてくれ、ほめてもらって嬉しくならない人はいないからです。

イヤだなと思う相手も、苦手に思う人物も、同じ人間です。

ゆえに、そんな相手の得意分野や、好きなこと、興味のあること、関心が高いものを、いろいろリサーチしておくと、さまざまな場面での話題作りに役立つのです。

「今年の阪神は優勝争いに絡めますかね？」

「ゴルフを始めようかと思うんですが……」

「米国の金融緩和の見通しは、どうです？」

「息子さんの大学合格おめでとうございました」

「おすすめの経済書を教えて下さい」

会話に詰まったら、こんなさりげないセリフを振って、相手の心を開かせるとよいのです。ふだん、馴染みの薄い人から評価されると、親しい人からのそれより嬉しくなるのです（**「アロンソンの不貞の法則」**）。

テクニック

3

激昂するパワハラ上司や凶悪クレーマーを黙らせる

ディスペーシング法「現況の指摘」

大声で怒鳴るパワハラ上司や、威嚇的《いかくてき》な言動で迫ってくる凶悪クレーマーには、誰だって縮み上がります。恐怖の心理がそうさせるのです。

緊張したこちらの声は上ずり、どう対処すべきかと混乱し、文字通りのパニック状態に陥るでしょう。敵の狙いもそこにあるから当然です。相手は、こちらを一方的に支配し、自分のわがままや要求を通そうとしているのです。

心理学には「**ペーシング**（同調行動）」と「**ディスペーシング**（反同調行動）」という用語があります。相手に合わせるのを同調、合わせないのを反同調と言います。

早口で話す人に早口で応じたり、笑顔で楽しそうに話す人に笑顔で応じるのは同調です。同調してあげることで、相手の承認欲求が満たされるので、関係性が継続します。

大声で怒鳴る人や、威嚇的な言動で迫ってくる人に対しては、「**畏縮する**」ことが同調になります。相手の承認欲求を満たす形になるからですが、畏縮するばかりでは相手がつけ上がります。適度な反同調、すなわちディスペーシングをすることで、こちらの冷静な態度のほうにこそ、相手をペーシングさせなければなりません。

お腹一杯に息を吸い、肩や腕の力を抜いて、落ち着いた気持ちで、勇気を振るい、次のように相手の不当な言動を、そのまま言葉にして伝えてやりましょう。

「大きな声で怒鳴らないでください。周囲に迷惑ですから！」

相手が「何だとコラー！」と怒鳴り続けてきても、意に介さないことです。淡々と静かに、ゆっくりと、もう一度繰り返しましょう。

「何をそんなにお怒りなのですか？　お静かに！　とお願いしております」

興奮している人に、こちらも逆上して歯向かったり、怖気づいて震えていたところで、相手の攻撃は止まないのです。こちらの冷静な態度こそが、相手をひるませます。

テクニック

4

謝罪時に相手の追及を緩和する

承認欲求の充足「感謝の呈示」

厳しい叱責や、長いお説教を続けられると、うんざりさせられます。

早く切り上げてもらいたいあまり、「ホントに、ホントに申し訳ありませんでした」と何度も謝罪を連発したりするでしょう。

あるいは「はい、ホントにもう、十分反省しております。今後は二度とこのようなことのないように…」などと、反省の言葉をやたらと繰り返している人も見受けられます。

しかし、これらは、逆効果で間違った対応です。

相手は、こちらのそんな態度に、不遜《ふそん》な心持ちを見出すがゆえに、もっと苦痛を与えてやろうと、いつまでもムチを振り続け、叱責を繰り返すことにもなるからです。

敵の攻撃を早くやめさせたければ、**「感謝の言葉」**を贈呈すべきなのです。

パワハラ上司「だから俺があれほど注意してたのに、このバカ！　くそったれ！」

賢い部下「部長ッ！　本当にいつもありがとうございます！　感謝しております！」
パワハラ上司「ん？？…あん？　な、なんだ？　あん？…わかってんの？　え？　ま…ええと、とにかく今後は気ィつけろよな…（トーンダウン）」
賢い部下「はっ、ありがとうございますッ！」

怒って興奮する相手を制する場合には、前項で解説した通り、落ち着いた態度で、相手の不当な言動を指摘してやるのが一番です。

しかし、この例のように、こちらに明らかなミスや失態があって、謝罪を求められるという、ねちっこい攻勢にさらされる場面では、唐突に「感謝の言葉」をぶつけるという変化球のほうが効くのです。

「感謝の言葉」は、相手の承認欲求を満たし、怒りを緩和させる効果が顕著だからです。

「感謝の言葉」には、相手を「いい気分」にさせる魔法の効力が宿っているからです。

「ありがとう」と返されると、続けて「ばかやろう！」とは言えなくなるでしょう。

窮地を脱したい場面で使えることを覚えておいて損はありません。

テクニック

5

不当な要求を実現しようとする相手に乗せられない方法

ディスペーシング法「逆質問」

一方的に自分の主張を振りかざし、自分に都合のよい要求を通そうとする人がいます。早口でまくし立ててきたり、恫喝《どうかつ》まがいの言動で迫られると、こちらは口も挟めずタジタジになってしまいます。相手は、有無を言わせぬ状況を作り出そうとしているのです。

こんな形で相手に主導権を握られていると、こちらは混乱の中で冷静な判断力もはたらかせられぬまま、ついつい相手にイエスと言ってしまいがちです。

こんな場面では、相手のペースを崩し、会話の主導権を取り戻さなくてはいけません。

クレーマー「おい、どうすんだよ。お前のせいだろ。どうしてくれる？　誠意を見せろよ！」

賢い応対者「は？　誠意ですか？　それはどういう意味でしょうか？（冷静）」

クレーマー「せ、誠意だよ、誠意！　わかるだろ。どうしてくれるんだよ！（怒）」

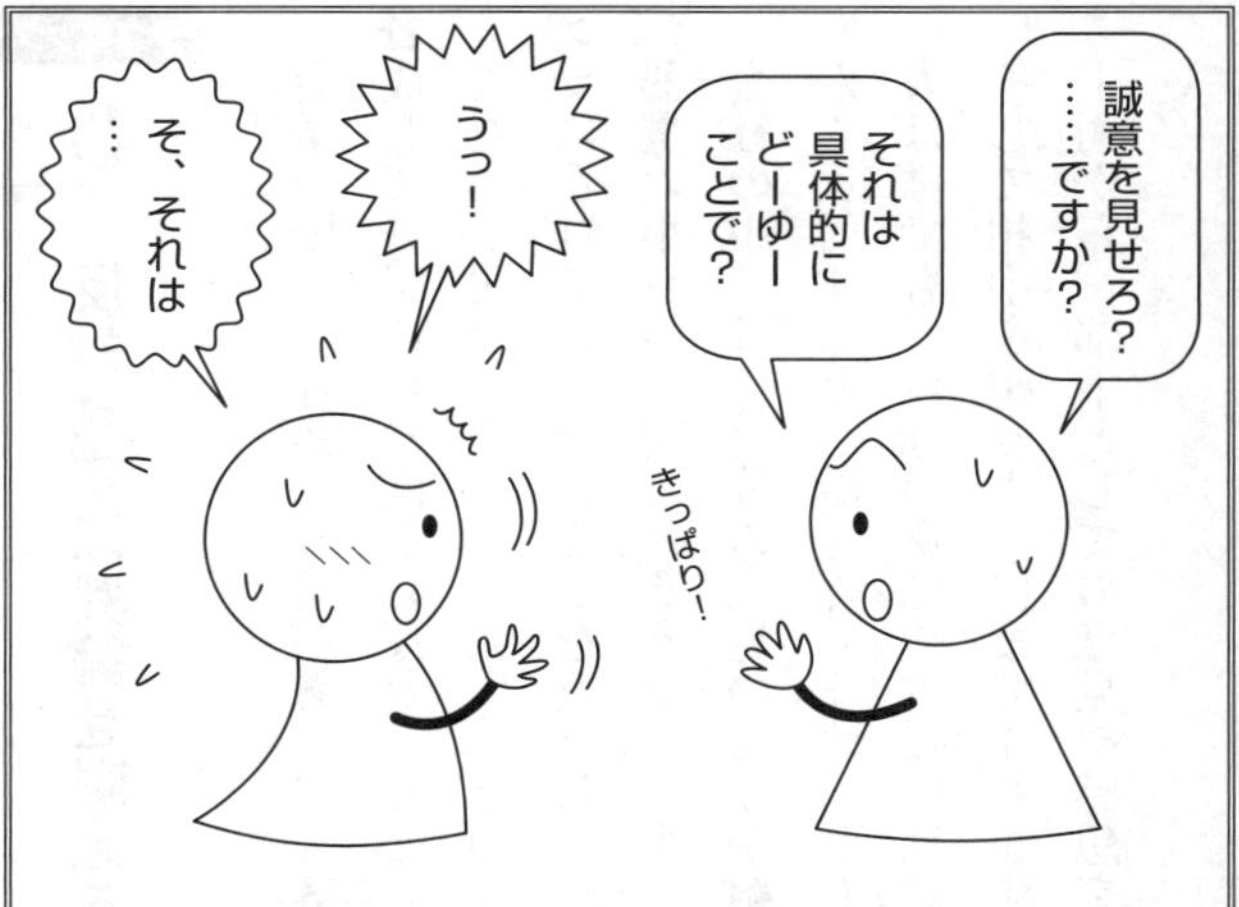

※「逆質問」してやると形勢逆転する！

賢い応対者「わかりません。具体的にどうしてほしいのですか？」
クレーマー「ど、どうしてって…（汗）。わかるだろ…。そのつまり……（狼狽）」

このように、不当な要求を突きつけようと、「どうしてくれるんだ？」とか、「誠意を見せろよ」という悪質クレーマーはよくいます。

そんな時には、「逆質問」してやると、不当な要求があぶり出され、相手のほうがタジタジになります。具体的な要求を言えば、恐喝未遂にもなりかねないのです。

テクニック

6

反対せずに異論を唱える

承認欲求の充足「賛同の呈示」

会議の場で、A案とB案があり、A案に賛成な人が圧倒的多数の時、ひとりだけB案に賛成してA案に真っ向から反対すると、みんなから袋叩きに遭いかねません。

また、上司が主張する意見に、その場で部下が異論をさしはさんだりすると、上司はメンツにかけても、その部下を攻略しようとムキになったりするものです。

器量の小さい上司ほどそうなります。

会社の中では、自分の意見のほうが絶対正しいから——などと思っても、うかつに真っ向から反対すると、敵を作ります。そして浮かばれなくなるのです。

人は誰でも、自分の意見や主張に反対されると気分を害するからです。

そして相手を嫌うようにまでなりますから、反対するとろくなことはないのです。

上司から、部下としての意見や感想を求められた場合には、まずこう言いましょう。

「私はいいと思いますね」

「なるほど、それはそうですね。納得です」

「私ももちろん、みなさんと同じくA案に賛成です」

などと、はじめに賛同を表明します。そうすることで、相手は安心するからですもちろん、表向き賛成を表明しているのですから、悩ましげな態度は、微塵《みじん》も出してはなりません。本音が見透かされるからです。

とにかく、上司の意見には、あからさまに反対と言わないことが肝心です。反論したい場合には、**「賛成ですが、ひとつ質問させてください。こういう場合はどうなるのでしょうか？」**などと、不審点や納得のいかない部分だけを尋ねるようにすべきです。

上司の返事がトンチンカンでも、あくまで賛成のスタイルは変えずに、さらに追加の質問をすればよいだけです。賛同者には親切に説明してくれるはずでしょう。

しかし、そのへんまでです。しつこい質問は賛同していないことになるからです。

テクニック
7
皮肉屋やイヤミな人への切り返し法

ディスペーシング法「防波堤」

正面切っての攻撃はしてこずに、言葉の端々にイヤミなセリフをまぶして、後味の悪い不快な気分にさせる人がいます。

はじめは、羨ましいと言わんばかりに、こちらを持ち上げながら話しかけてきます。

そのため、真面目な人ほど、自慢や自惚《うぬぼ》れと受け取られないよう、ほめられたら謙遜し、打ち消しにかかるのがふつうでしょう。しかし、そこに罠が仕掛けられるのです。

こちらの言葉を真に受けたフリをして、そこにイヤミなセリフをまぶしてくるのです。

そしてその効き目を愉しむという、陰険な性癖が見てとれます。

こんな人は、他人の幸福を妬んでいるだけですから、相手にするだけヤボなのです。

同僚A「すごいわあ！　マンション買ったんですって？　いいなあ、夫婦共働きの人は」

同僚B「いえいえ…（汗）。マンションたって中古ですよ、中古…」

同僚A「中古だって、立派な財産じゃない。すごいなあ」
同僚B「でも、ローンは30年あるし…(汗)、駅からも遠いし、大したことないですよ」
同僚A「あ、そうかあ。ローンがあるんだー。それは大変ですねえ。ご主人はガテン系のお仕事だから、怪我とかしたらアウトですもんねえ。心配ですよねえ…」
同僚B「そ、そうなのよ…(汗)。た、大変なのよ、もう……(不快指数100%)」

こんな手合いに、余計な謙遜や打ち消しをするから、手玉に取られてしまいます。余計な情報を与えずに「それが何か?」「別に」を使って、防波堤を築くべきなのです。

同僚A「すごいわあ! マンション買ったんですって? いいなあ、夫婦共働きの人は」
同僚B「それが何か?」
同僚A「いやあ、すごいなと思って。新築なの? 何年ローン? 何階なの?」
同僚B「別に……。大したことじゃないから……」
同僚A「え……そうなんだ……(がっかり)」

テクニック

8 意地悪な人への切り返し法

ディスペーシング法「はぐらかし」

他人を傷つけるのが嬉しくてたまらないといった意地悪な人がいるものです。

他人をへこまして、自分が優位にあることを確かめないと気がすまない人なのです。

こんな人も、前項の**「それが何か?」「別に」**のセリフで、撃退するのが一番なのですが、次々と一方的に意地悪を言ってきますから、防ぎきれない場合もあるでしょう。

そんな手合いを相手にする時は、おちょくりの相づちではぐらかし、的外れの話題であることを悟らせて、一気に突き放すのが効果的になります。

同僚A「ねえ、おたくのご主人、一流大企業のエリート社員だったたわよね」
同僚B「え? そ、そんなことはないけど…(汗)。それが何か?」
同僚A「お仕事、大変なんだろうなって思うの。毎晩お帰り遅いんでしょ?」
同僚B「そ、そうね…まあ、だけど、まあ、別に…(汗)」

※おちょくりの相づちで突き放す！

同僚A「テレビで見たけど、毎晩遅く帰ってくる旦那の86％が浮気の経験者ですって。しかも、深入りするケースが、そのうち35％だって」

同僚B「そ…、そうですか…（汗）。で、それが何か？（汗）」

同僚A「だからさー、あなたも、オンナを磨いとかなきゃ、駄目よって話よ」

同僚B「あ、ああ、なーるほどー。そりゃあ、どーも。おーほっほっほーっ」

同僚A「え？………（冷汗）」

まともに取り合う気がないことをはっきり示してやると、仕掛けてこなくなるのです。

テクニック

9 面と向かって悪口を言ってくる人への切り返し法

ディスペーシング法「沈黙」

他人を挑発して怒らせるのが趣味のような人には手を焼きます。

「お前のさっきのプレゼンはひどかったなー。市場分析なんて幼稚園レベルだったぜ」
「だせえなー、お前のそのスーツ！　そんな恰好で得意先回るから駄目なんだよ」

こんなセリフで、こちらを怒らせるのです。
「うるさいな、ほっといてくれよ！（怒）」などと言い返しても、待ってましたとばかりに「お前、何怒ってんだよ。人が親切にアドバイスしてやってんのに」などと、おちょくってくるでしょう。
こんな相手は、すでに紹介した「それが何か？」とか、「別に」などのセリフで冷たくあしらおうとしても執拗《しつよう》に絡んできます。また、前項で紹介したおちょくり相づちで「なるほどー、あっはっはーそうですかー」などとやっても、やはり追い打ちをかけてきます。

相手は何が何でも、こちらを怒らせたいからです。

挑発することで、なぶりものにしたいと思っているのです。

そんな相手の思惑に乗るのは愚の骨頂です。泥沼の言い争いになるだけだからです。

こんな悪口を浴びせられた時には、腹が立っても言い返さないことです。

まずは、フーッと大きく聞こえよがしの溜息をついてやりましょう。

相手を一瞬睨みつけ、「またかよ、お前」といった憐れみの表情ができれば上出来です。

両腕を肩より持ち上げて、「うーん」と伸びをする体勢で、呼吸を整えましょう。

どうしても怒りが収まらなければ、いったんその場を立ち去ることでもよいのです。

とにかく、ひと言も言い返さないことが、相手を拍子抜けさせるのです。

ひと言も発せず、無表情に相手を見下す行為は、相手に不安を抱かせます。

「沈黙」は、防御のためというより、時間の経過とともに「攻撃の作用」すらあるのです。

コイツはいったい何を考えているのだろう——。

反応がないという、そのことこそが、次第に不安となって我が身に跳ね返るわけです。

テクニック

10

取りつく島のない人に耳を傾けてもらう

説得の技法「極小依頼」

いつもイライラしながら仕事に追われている人や、不機嫌極まりない態度で仕事に向かっている人には、できれば近寄りたくないものです。

「いま、忙しいんだよ、見てわからないのかよ！（怒）」と逆切れされかねないからです。しかし、緊急を要する事情があれば、近づいて判断や了解を求めなければならない場合もあります。

そんな時には、「ちょっとだけ」「3分だけお願いがあるんですが」などと、ほんのちょっぴりの時間を割いてもらうよう、条件付きでお願いするとうまくいきます。

部下「部長。ほんのちょっとなんですが、1分30秒ぐらい、よろしいでしょうか？」
上司「ええっ？　いまかよ？　いま忙しいんだよな……どれ、なんだ言ってみろよ」
部下「あの、太平洋商事さんですが、5％OFFなら70ロット受注できますが……」

上司「また、値引きか。仕方ない。５％だけだぞ」
部下「ありがとうございます。あと、これ精算書ですが、ここに承認のハンコを……」

こんな感じで、不意打ちを狙って、たたみかけると意外にすんなりＯＫがもらえるのです。「ちょっとだけ」という条件を付けられると、「ちょっとぐらいは応じなければ」という良心が刺激されるからです。電話営業でアポイントを取りつけたい時にも使えます。

営業マン「新しい会計ソフトについて、３分間だけご説明にお伺いしたいのですが」
先　方「どうせ、３分じゃ終わらないでしょ。いまホントに忙しいんだよ」
営業マン「必ず３分で終わるとお約束いたします。多忙な方にはいつもそうしておりますから」
先　方「ふーん。ホントかな。じゃあ、ホントに３分の砂時計を用意しとくぞ」
営業マン「ありがとうございます。ではすぐにお伺いさせていただきます」

テクニック

11 アルコールが入ると絡んでくる人を御する

ディスペーシング法「回避」

アルコールが回ってくると必ず絡んでくる性癖の人がいます。

できれば、そういう人とは飲みに行かないのが一番なのですが、誘われるタイミングでそうもいかない場合もあります。

そんな人が絡みはじめてきたら、どう相手をコントロールしたらよいのでしょうか。

上司「おい、もっと飲めよ。俺だけ飲んでるんじゃないかよ。お前もいけよ、ほら」

部下「部長。申し訳ありません。私はそろそろ帰りませんと、明日が早いもので」

上司「なに、明日はどこ行くんだ？　ワシは聞いとらんぞ、いいから飲めよ」

部下「はい。申し訳ありません。とにかく、今日はありがとうございました」

このように、相手が本格的に絡みはじめる前に、さっさと席を立って逃げるのが最善の

※こうなる前に手を打とう！

策なのです。

引きとめられても、振り切って帰りましょう。酔っているのでどうせ記憶も不明瞭です。

一緒にいると絡まれるうえに、最後は泥酔状態の相手の介抱までさせられるのです。

その段階で放置したのでは、保護責任者遺棄（刑法218条）で犯罪になります。

タクシーに乗っけて運ばせようと思っても、運転手さんは泥酔者を乗車拒否できます（道路運送法13条の1）。

さっさと、一人だけ残して帰ってしまえば、上司もやがて、淋しくなって帰るものなのです。

テクニック 12

下品で非常識な人の言動を是正する

ディスペーシング法「オウム返し」

他人を悪しざまに揶揄《やゆ》したり、下品な言動で顰蹙《ひんしゅく》を買う人がいます。

しかし、本人はそれを、不適切な言動と認識していない場合も少なくありません。

「俺は真っ正直だからな」などと、むしろ歯に衣着せぬ自分の発言を、誇らしく思っていたりするので、勘違いもはなはだしいでしょう。

「物事をはっきりと、本当のことを言って何が悪い？」などと、得意だったりするのです。そして、周囲がドン引きするようなことを平気で言って、空気をぶち壊しにしているにも関わらず、「やった！」などと心の中で快哉を叫んでいたりするわけです。

こういう人には、発言を垂れ流させずに、逐一確認させるべく、オウム返しにして繰り返してやりましょう。

自分がどれほど不適切なことを言ったのか、いま一度発言と向かい合わせるのです。

自分の下品で醜い表情を鏡に映し出し、無理やり見せてあげる要領です。

主婦Ａ「鈴木さんの奥さんたら最低よ。夜中のゴミ出しは駄目よって、何度も注意してるのに平気で出すのよ。今度やったら、夜中に出したゴミ袋を、あそこの家の庭に全部戻してやらない？　ね、一緒にやりましょうよ、正義のために」
主婦Ｂ「は？　ゴミ袋を庭に戻す？　正義のために？」
主婦Ａ「だってさー（汗）、ほら、思い知らせてやるのが一番いいと思うからなのよ」
主婦Ｂ「思い知らせてやるのが一番いい？」
主婦Ａ「え？　はは（汗）、じょ、冗談よ、…んなことするわけないじゃん…てば（汗）」

＊　　＊　　＊

同僚Ａ「お前さあ、課長んとこの奥さんって、すげえデブだって知ってた？」
同僚Ｂ「は？　すげえデブ？　すげえデブってー？　それ、なに？」
同僚Ａ「えっ？　い、いや（汗）、まあ、ほんの冗談だけどさ……（狼狽）」

自分の不用意な発言を繰り返されると、たちまち居心地が悪くなるものです。

テクニック

13

しばしば遅刻する不埒な部下の行動を改めさせる

行動習慣の是正「自己対面」

朝の出勤時に、遅刻してくる人がいます。

体調不良を言い訳にして遅れるケースが多いでしょうが、実際は前の晩飲みすぎたり、夜更かしの挙げ句に、寝坊して遅れるという情けないパターンが少なくないでしょう。

新入社員のうちは、自己管理が不徹底なためにこうなるケースが見受けられます。

いずれにしろ、ビジネスパーソンとしての自覚が足りないことは言うまでもありません。

上司から、「バカヤロー！」だの「お前なんかクビだ！」などと何度怒鳴られても、性懲りもなく遅刻が繰り返されるようだと、上司のほうがパワハラ呼ばわりされかねない状況に慄然《りつぜん》としてしまうでしょう。

こういう人は、上司に注意され、バツの悪い思いをしても、またしばらくすると繰り返します。なかなか行動習慣が改まらないのです。

原因は、「遅刻ぐらい何だ」と深層心理でそれほど悪いこととは思っていないからです。

3回遅刻すると、1日欠勤扱いになる就業規定があった場合でも、「3回ちょっと遅刻しただけで1日分もの有給休暇がなくなっているんだから、十分すぎるほどの重い代償を払っている」などと、かえって自分の行為の正当化を図っていたりするのです。

こんな部下に、上司として口うるさく注意するのもうんざりでしょう。

情けない部下の失態に付き合わされる上司としての立場が、恨めしくさえ思えます。

こんな人の行動を改めさせるには次のように言いましょう。

上司「秋山くん。また遅刻かね。あ、理由は言わなくてもいいよ。また、寝坊なんだろ?」

部下「はいっ！　まことに申し訳ございません。ご迷惑をおかけして、面目ありません」

上司「ええと、どうしたら遅刻しないで出社できるようになるのか、これまでの原因と対策をレポートにまとめて、今週中に提出してくれるかな。私からは以上です」

部下「えっ？（汗）レ、レポートにですか？　は、はい…、わ、わかりました（緊張）」

このように、重大事態と認識させ、自分自身に向き合わせるのが一番効果的なのです。

テクニック
14
会話の途中ですぐに感情的になる相手をコントロールする
行動習慣の是正「即時指摘」

こちらの話の途中でイラつき、「いや、それは違うって」「でも、そんなの無理だろ」などと、すぐに口をはさみ、勝手に自分の話を始める人がいます。

こういう人とは、会話のキャッチボールが成り立ちません。

人の話を最後まで辛抱強く聞こうとしないのですから、会話そのものが無意味です。

ですから、誰も話しかけたいとは思わないでしょう。

しかし、ちゃんと話を聞いてもらってておかなくては困る場合もあるのです。

同僚A「試作品サンプルの持ち出しルールを決めたけど、きみにも了承してもらいたいんだ。最後まで、感情的にならずにぼくの説明を聞いてくれるかな？」

同僚B「なんだよ、偉そうに！（イライラ）その言い方が失礼だろ！（怒）」

同僚A「ほら、もうイラついて感情的になってる！　きみの脳はカルシウム不足なのか？」

ほーらキミ！
もう怒ってるじゃん！
カルシウム
足りない
のかよ？
ぴしゃり！
うっ！
ぐぐっ…

※怒った証拠をその場で突きつける！

同僚Ｂ「なんだよ、お前がオレを怒らせてんじゃないかよ！（怒）」

同僚Ａ「ほらほら、その怒り方…、どう考えたって、ふつうじゃないだろう？……」

このように、怒った瞬間を、ただちに証拠として突きつけてやるようにしましょう。すると、本人は自分の欠点に気づき、次第に感情をコントロールするようになるはずです。

「怒る」という行為が、どれほど周囲を不快にさせ、社会人として恥ずかしい態度であるかを、認識させることが一番なのです。

テクニック

15

頑固一徹で自分のやり方を変えない人物を従わせる

行動習慣の是正「こだわりへの評価」

自分で決めた仕事のやり方にこだわる人は、少なくありません。

それが合理的で間違いも起こさない、慣れていて安心できる方法だから——と信じて疑わないからです。

しかし、仕事はチームでこなしていくものなので、個人の仕事のやり方を変えてもらわなくてはならない場面も出てきます。そんな時、頑固な人ほど抵抗が激しくなるものです。

「こだわり」は自己防衛の一種なので、無理に捨てさせようとすると、身を守る鎧《よろい》を剥《は》ぎ取られるような不安に駆られるからです。

「いやだね。やり方を変えるのは、みんなのためって言うけど、少なくともオレのためにはなっていないから、オレは今まで通りの方法でやるので、よろしく」

こんなふうに、端《はな》から拒絶されたら困ります。頑固一徹な人は、周囲からも「あの人は頑固者」「依怙地《いこじ》で協調性がない人」などと陰口を叩かれ、孤立を余儀なくされています。

本人も自覚していることなので、いまさら動じません。

ゆえに、職場で、「頑固な人だな」と思える人を見つけたら、むしろ、その時点で将来に備える準備を始めるべきなのです。

頑固な人には、頑固な人ならではの、いくつかの「こだわり」があります。

それを十分理解した上で、その「こだわり」を高く評価しておくことなのです。

「吉田さんのそのやり方って素晴らしいですねえ」

頑固な人は、「自分のこだわり」を評価してくれる人には、思いのほか親切にしてくれるものです。数少ない自分の理解者なのですから当然でしょう。

そんな関係性があればこそ、いざ、仕事の流れを変えるための相談をもちかければ、新しい「こだわり」も構築してくれるのです。

テクニック
16

女性上司が男性部下を操縦する方法

行動習慣の是正「クーリッジ効果」

女性が上司になると、男性の部下たちは、たいてい居心地が悪くなります。

「男尊女卑」の拭《ぬぐ》いがたい意識が底流にあるせいで、女性に指示・命令されることに抵抗があるからです。仕事を遂行する上で、男性も女性もないはずですが、慣れないうちは、「俺の上司って女だぜ」——こんな愚痴がこぼれるほどの葛藤が起こってしまうのです。

そのせいでしょうか。上司になった女性のほうも、これまた「なめられてたまるか」とばかりに、肩肘《かたひじ》張った「突っ張りスタイル」になっているケースも少なくないのです。

中には「お前ら行くぞ、いいな!」「やれと言ったら、すぐやれよ!」などと、いきなり乱暴な男言葉で号令をかけはじめる女性上司もいるほどです。

これでは、女性上司も、男性部下も、疲れるばかりでしょう。

不幸な上下関係と言わねばなりません。

女性上司は、男性部下がもつ「男尊女卑」の意識を、逆手《さかて》にとるべきなのです。

「課長に就任した立花美咲です。○○さんは、上司が女だとお厭《いや》ではありませんか？」

まずは、「男尊女卑」を認めた上での、男性部下を気遣う挨拶言葉をかけてやります。男性は単純ですから、これだけでも、男のメンツを立ててくれる女性上司に一目置くでしょう。あとはタイミングよく、男心を奮い立たせるセリフをかませるだけなのです。

「○○さんて頼りになりますねえ、ありがたいわあ！」
「男らしいなあ。行動力もバツグンで！」

こんなセリフを振ってやるだけで、男性本能はみるみる目覚めることでしょう。
「カッコイイところを見せてやろう」「守ってあげよう」などとなるわけです。
ちなみに、新しい女性の存在が、男性を活気づける心理作用は「**クーリッジ効果**」と呼ばれます。うまくオスを焚《た》きつけましょう。

テクニック

17

マイナス面が多い気弱な部下をフォローする

行動習慣の是正「ピグマリオン効果」

仕事でミスが多く、成績も冴えない部下をもつと、うんざりさせられます。

そんな部下は、自らの負い目もあってか、態度も自信なさげで元気もありません。

「おはよう！」と朝一番に声をかけても、「おはよ…ござ…」と消え入りそうな挨拶を返します。

「だから駄目なんだよ！」などと怒鳴りつけたくなるでしょうが、逆効果です。

余計に落ち込み、出社拒否症にでもなったら、パワハラ行為が問題視されかねません。

上司の役割は、部下をヤル気にさせることです。追い込んで鬱《うつ》にしたのでは失格です。

人がヤル気をなくしたり、自信をなくすのは、自分が評価されていない——というケースが一番多いのです。自己肯定感が低くなるため、すべての面で及び腰にもなるわけです。期待を込めて、丁寧なフォローを続けてやると、次第に効果も上がるのです。

心理学には、有名な**「ピグマリオン効果」**というのがあります。

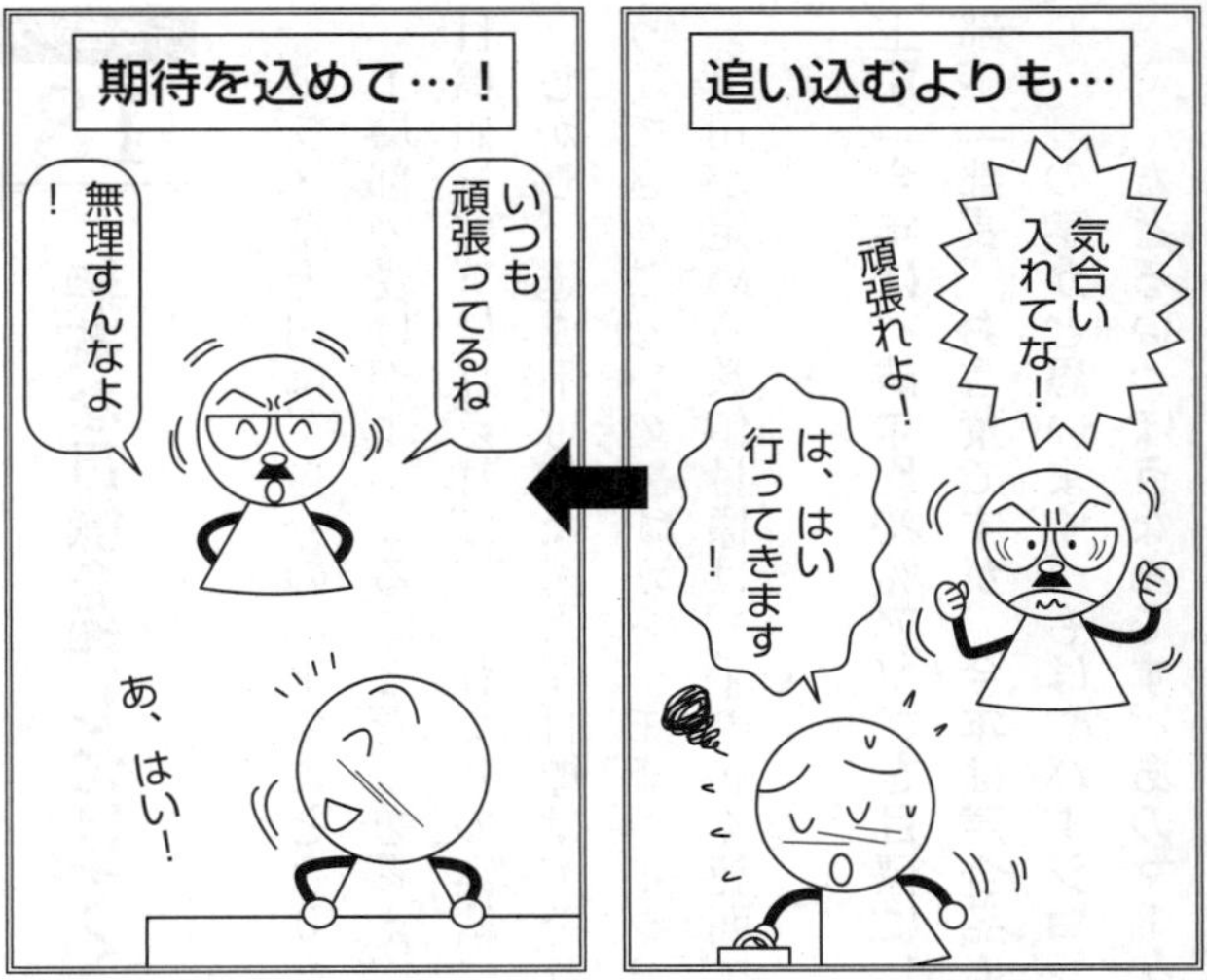
追い込むよりも…
気合い入れてな！
頑張れよ！
は、はい行ってきます！
期待を込めて…！
いつも頑張ってるね
無理すんなよ！
あ、はい！

キプロス島の王ピグマリオンが、象牙で作った乙女像に期待を込めて願っていると、人間になった――というギリシャ神話にちなんでつけられた心理作用です。

「きみは仕事が丁寧でいいね」

「慎重で手堅いのが、きみの長所だ」

こんなフォローを続け、期待をかけていれば、やがて実を結ぶというわけです。

周囲の関心が、労働者の生産性向上に寄与する**「ホーソン効果」**もはたらくでしょう。

テクニック

18

無茶な目標を押し付けてくる上司の要求を下げさせる

説得の技法「アンカーリング効果」

ヒラメ型上司は、自分の部下のことよりも、自分の上の上層部に目が向いています。上層部の受けがよくなることだけを考え、部下には過大な要求を押し付けます。大きな目標値を部下に与えれば、それなりの実績になる——とタカをくっているわけです。

しかし、達成不可能な過大な目標は、それゆえに形骸化《けいがいか》して無意味なものになるでしょう。できっこないのですから、モチベーションは下がり、見向きもされなくなります。

上司が定める数値目標は、手の届く範囲にしてもらわなければ困るのです。

上司「今年は、前年比20%アップを目標にしてくれよな。期待してるぞ」

部下「部長。お言葉ですが、今年は競合品もふえましたので、前年比で80%も行けばオンの字かと思います。もはやバージョンアップでもしないと、うちの製品は下降線をたどるいっぽうなんです。あのマーケティングの父コトラーが言うように、うちの製品は、すでにライフサイクルが尽きかけているんですよ」
上司「な、なんだって、それじゃ、前年比マイナスじゃないか、そんなことが…（汗）」
部下「しかし、他社も目標値をどんどん下げてますよ。飽和状態なんです、現状は」
上司「な、なんとか、そこを、せめて前年並みに、１００％にしてくれないか？」
部下「無理ですね。前年比80％だって、苦しい数字なんですよ」
上司「う、うーん…（汗）。じゃ、きみ、前年比90％にならないか？　なんとか…」
部下「厳しすぎますね。90％なんて、とても届きませんよ」
上司「なあ、きみ。役員のところに数値目標をもって行く私の身にもなってくれよ」
部下「じゃあ、85％でいかがです？　達成は難しいですが、これなら妥協できますよ」
上司「わ、わかった。じゃあ、前年比85％で予算を組んでみよう」

最初に80％という数字をドンと打ち出せば、それが船のアンカー（錨《いかり》）のようなはたらきで、そこからの狭い範囲での交渉になるわけです（「アンカーリング効果」）。
値引き交渉では、大きな威力を発揮します。

テクニック

19 面従腹背の部下の行動を改めさせる

行動習慣の是正「恫喝」

上司の立場から、部下を見ていれば、面従腹背の部下というのは、だいたい見当がつくものです。

部下のほうは、バレていないと思っていても、部下の会話の際の、**「バーバル**（言語的要素）」と**「ノンバーバル**（非言語的要素）」の不一致が見てとれれば、「ああ、こいつは、返事だけで、実際にやろうとは思っていないな」などとわかってしまうのです。

口から出る言葉のバーバル要素は、「了解しました。今日から実践いたします」などであっても、顔の表情、態度、身振りといったノンバーバル要素が「やらねえよ、そんなもん」という本音を覗かせているからなのです。

嘘がバレるのは、こういう時なのです。発する言葉は、真実を訴えているつもりでも、顔の表情や動作から、真実ではない——ということが伝わってしまうのです。

人間の目や耳は、極めて優れた感覚を有していますから、何となく第六感でぴーんと来た——などということが、真相をつかんでいることも少なくないのです。

人に嘘をつく際には、このへんに十分注意を払わなければならない——ということでもあるわけです。

さて、面従腹背が疑われるような部下がいた場合には、まずは、動かぬ証拠をつかまなければなりません。

証拠がないと、潔白を主張されたら困ります。

動かぬ証拠をつかんだなら、こういう輩《やから》は、ガッチリ締めてやるべきでしょう。

上司「おい、どういうことなんだよ、これは！（怒）バレバレなんだよ！（怒）、お前は俺をなめてやがったな、コノヤロウ！ どう落とし前をつけるんだよ！（怒）」

このように、一度だけ激しく怒りを表明することが大切です。

面従腹背を行う人間は、相手をなめているからです。

ふだんは温厚そうに見えても、怒ると怖いぞ——ということを知らしめておきましょう。

テクニック 20

ホウレンソウをしない「仕事の出来る部下」を更生させる

行動習慣の是正「エンハンシング効果」

仕事で実績を上げている部下は、上司をなめてかかっているものです。オレのおかげで、上司の面目も立っている――という思いが部下にはあるからです。

こんな部下は、ヒラ社員時代の上司が、大して実績も上げていなかった――などと知るや、なおさら上司を見くびることにもなるでしょう。

上司が無能だと、部下は上司にホウレンソウ（報告・連絡・相談）さえしなくなります。無能な上司からの、トンチンカンな指示や命令を受けると、ヤル気までもがそがれてしまう――と考えているからです。

これは、実際その通りで、心理学では**「アンダーマイニング効果」**と呼ばれる現象です。

勉強のできる子に、周囲があれこれ勉強の仕方をこまかく指図するとヤル気がなくなったり、テストで１００点を取るたびにお小遣いを渡すと、いままで好きで勉強していたのに、お小遣いが目的化して、かえって意欲が減退していく例などが知られています。

しかし、部下がホウレンソウをしたくないというのも、上司としては困ります。かといって、無理やり強制すれば、ヤル気も失うでしょう。こんな場合には「アンダーマイニング効果」の逆バージョンである「エンハンシング効果」を使うとよいのです。

上司「山崎くん。優秀な成績を上げてくれてありがとう。今回も難しいQ社との交渉によく成功したね。さすがだよ。ところで、どんな方法でアプローチして契約までこぎつけられたのか。そのへんの秘訣や苦労話を、ぜひ聞かせてくれないだろうか？」

部下「えっ？　秘訣や苦労話ですか？　そりゃ、いっぱいありますけど……」

上司「じゃあ、ぜひ、私の勉強のためにも、いろいろと教えてくれないかな？」

部下「いいですよ。ええと、どこから説明するのがわかりやすいかなっと…（得意顔）」

このように、上司が教えを請う形をとってやると、部下は自尊心をくすぐられて、自分のほうから喋りたがります。「エンハンシング効果」とは、もともとヤル気（内発的達成動機）のある人には、外部の称讃（言語的報酬）が一番効くということなのです。

テクニック 21

生意気な相手を手玉にとって動かす方法

行動習慣の是正「反発心」

こちらのほうが立場や地位が上のはずなのに、タメグチに近い言葉遣いをしてきたり、こちらのミスや失態を見てとるや、大袈裟に騒いで恥の上塗りを謀《はか》ってくる人がいます。自分のほうが下であることが気にいらず、背伸びをしてこちらと対等か、あるいは自分のほうが本当は優位にあるとばかりのアピールをしたいわけです。

こういう輩に注意をしても「えっ？　そんなつもりで言ったんじゃないのに」とか、「誤解ですよ。そんなことにこだわってたんですか？」などとはぐらかされます。

こちらの器が小さい——と言わんばかりのセリフに、なおさら業腹《ごうはら》にもなるわけです。

こんな相手は、生意気なプライドを逆手に取ってやったほうがよいでしょう。

＊　＊　＊

「TOEIC800点以上の岡本君でも、明日までに翻訳するのは無理だよな？」

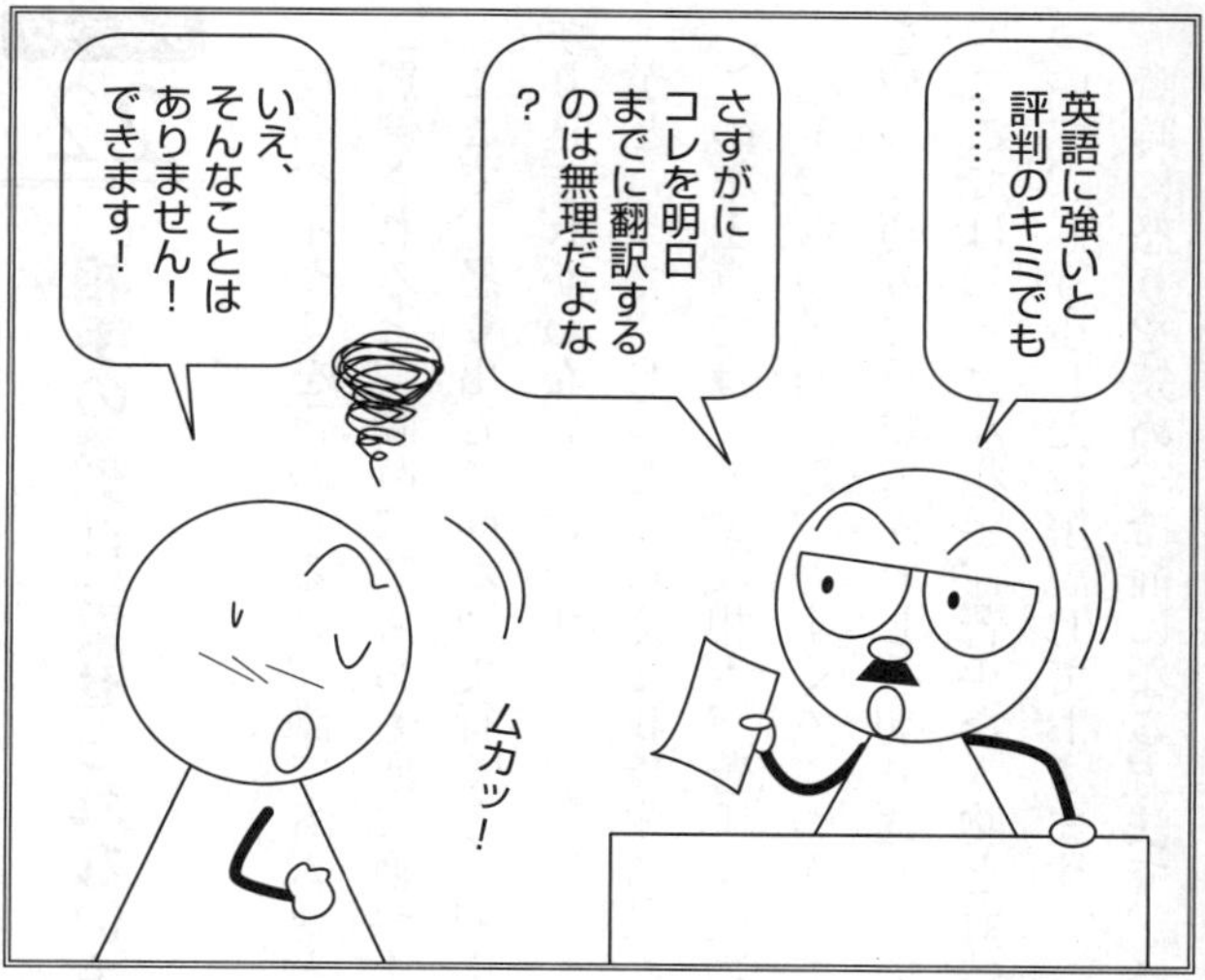

「営業力バツグンの栗原君でも、大手のＳ社から注文を取るのは難しいよな？」

＊　＊

「いくら仕事の早い松本君でも、明日までに報告書を書くのは厳しいよな？」

＊　＊

「いくら酒豪の原口君でも、このマオタイを一気に飲み干すのは、限界だよな？」

ほめてけなされると、「**反発心**」がムラムラわいてくるのが、生意気クンです。「**得意分野**」と自負しているところを刺激して、厄介な仕事をどんどん押し付けてやりましょう。

テクニック

22

相手の挑発に乗せられない方法（その1・「体感コントロール法」）

ディスペーシング法「体感コントロール法」

皮肉やイヤミを言われると、誰でもムッとするものです。罵倒《ばとう》されると、瞬時にこちらも頭に血が上ります。

ここで、怒り出して向かって行くと、相手の思う壺にハマり、あとは泥沼の戦いに引きずり込まれかねないわけです。

かといって、じっとこらえて我慢するばかりでも、ストレスが溜まるだけです。

この第1章では、イヤな相手、苦手な人物に対しての攻略法をお伝えしてきました。

相手に真っ正面から、力ずくでぶつかっていくのではなく、さまざまな心理テクニックを使って巧みに攻撃をかわし、切り返していくという方法論でした。

ここでは、イヤな相手、苦手な人物と対峙した時にも、興奮したり、緊張しない方法について、もう少しだけ解説しておきます。

瞬時に怒りを鎮め、冷静になる方法で、これを**「体感コントロール法」**と呼びます。

ドイツの精神医学者J・H・シュルツ博士が考案した自己催眠誘導法である**「自律訓練法」**をベースにした興奮・緊張緩和法なのです。

まず、私たち動物は、敵と遭遇すると、自律神経系の「交感神経」が刺激され、たちまち興奮・緊張を余儀なくされます。「闘うか・逃げるか」の切迫した状態だからです。

そのため、すばやく行動できるよう全身の筋肉が硬直し、呼吸は浅く、心臓の拍動も早まり、発汗作用が増していきます。瞳孔も拡大し、状況を見極めようと目も見開きます。

この状態は、とても不快です。そして冷静な思考力・判断力も失われがちです。

そこで、体感によって、脳をコントロール（交感神経を鎮め、リラックス状態ではたらく副交感神経を刺激する）していく必要があるわけです。

脳をリラックスさせるには、まずは、ゆっくり深呼吸することです。

次いで体から力を抜くようにしましょう。そして目を細め、近くを見ていても、遠くを見ているようにしていきます。この時、手の平に汗をかいていたら、すかさず拭います。

こうすることで、いまは「平常時」という脳への信号を送り、副交感神経を刺激するのです。すると、だんだん心が落ち着いてくるのがわかるはずです。

テクニック

23

相手の挑発に乗せられない方法（その2・「意識コントロール法」）

ディスペーシング法「意識コントロール法」

前項の要領で、全身の反応が落ち着いてきたら、今度は体感だけでなく、意識作用によって、興奮や緊張を飛ばすように心がけます。これが**「意識コントロール法」**です。

たとえば、相手の毒のある言葉を客観的かつ分析的に聞くように努めましょう。

「この人は、怒り出すと滑舌が悪くて聞き取りにくいなあ」

「この人は、ボキャブラリーが乏しい悪口ばかりだなあ」

このように、目の前の人物が吐くセリフを、赤の他人の遠吠えのように、批判的に観察しながら聞いていると、心はだんだん落ち着いていくのです。

自分に投げつけられたセリフという受けとめ方を意図的にしていないからです。

さらに、目の前の人物を、何かの奇妙な物体として客観的・分析的にとらえるのも有効です。顔のパーツや服装などの部分部分を、目を細めながら批判的に観察していきます。

このように、意識の集中に励むと、不思議と心は落ち着き、平常心に近づけるのです。

交感神経が刺激されると…
瞳孔が拡大し見開くような目に！
冷静な思考ができない！
全身が硬直する！
発汗作用が強まる！
呼吸が浅くなる！
喉の渇きを覚える！
心臓が激しく拍動する！
血圧が上昇する！
血流が増大する！
体温が上昇する！
ハァハァ
ドキドキ
おい！
副交感神経をはたらかせよう！
ゆっくり深呼吸する！
目を細める！
肩の力、腕の力を抜き、全身を脱力させる！
手の平の汗は拭き取り、手は開く！
だんだん落ち着いていく！
フー
ホー
妙な言いがかりはやめてください！
うっ！コイツ、意外に冷静だな……

第2章

ノーを
イエスに
変える

テクニック
24

不意打ちの要求や質問でイエスと言わせる

説得の技法「不意打ち効果と誤前提暗示」

不意打ちで頼みごとをされると、誰もが一瞬、思考停止に陥り、承諾の返事をしてしまいます。ひとまず受け入れたほうが無難――という暗黙知もあるからです。

先輩「吉村くん！　今からすぐ、この書類をB社に届けてくれないか？」
後輩「えっ？（汗）あ、はい…」

相手の勢いに呑まれるとハイと承諾してしまうのです。相手が先輩や上司など自分より優位な立場にある人や、嫌われたくない片想いの人からの依頼だと特にそうなります。「虚を衝く」という言葉がありますが、人は想定外で不意を突かれる形に弱いのです。勢いに押されて一瞬頭が真っ白になり、つい承諾の返事で答えてしまうのです。

女の子をデートに誘った時にも使えます。終電の時刻が近づく頃にこう言います。

男「もちろん、今夜は泊っていくんだよね？」
女「えっ？　あれ、もう、電車がないんだ。どうしよう？（汗）」
男「マンガ喫茶で夜明かしする？　それとも近くだから、ぼくの部屋のほうがいいかな？」
女「え？　あ…（汗）、ん、じゃ、そうする……（恥）」

このように、不意打ちで「泊るのが前提」であるかのように尋ねられると、思わず従ってしまいます。これは**「誤前提暗示」**と呼ばれる現象です。

しかも、二者択一で迫られた場合には、**「親近化効果」**と言って、あとのほうのフレーズが強調されて、そちらのほうに誘導されます（**「系列位置効果」**とも言います）。

「いい奴だけどケチ」だと悪印象に、「ケチだけどいい奴」だと好印象になる原理です。

ウェイトレスから唐突に「食後のお飲み物は、紅茶とコーヒーのどちらになさいますか」などと聞かれ、思わずコーヒーを頼んでいた——という経験は誰にでもあるものです。相手が油断している時には、この手を使いましょう。

テクニック
25

希少価値を強調してイエスと言わせる

説得の技法「限定・希少価値効果」

八百屋さんの店頭で「奥さん、これ、すごくおいしいのに、まだ4個も残っちゃってるの。買ってってよ」などとお願いされても、聞き流してしまうでしょう。

しかし、「奥さん、このリンゴ、評判よくて、もうあと4個限りだよ！」などと呼びかけられると、この際買っておこうかな——となります。

限定されたり、希少性をアピールされると、注目度が増し、心が動かされます。

アーケードを歩いている時に、突然「さあ、ただいまから10分間限り！　2000円のアクセサリーがどれでも1000円！」などと呼びかけられると、ついついワゴンに引き寄せられます。

いま買わないと、損するような気にさせられるからです。衝動買いを呼ぶのに、もってこいのセールストークなのです。チャンスを逃したくないという心理に火をつけます。

心理学で**「限定テクニック」「希少価値効果」**と呼ばれる現象です。

この仕事はキミにしか任せられん！
キミだからこそ頼むんだぞ！
いやあ そう言われちゃうと……
てへペロ…
ぐにゃ～

※限定・希少価値でまるめ込む！

相手を説得する時にはよく使われます。

「これは、きみにしかできない仕事だ」

「きみだからこそ頼めることだよ」

きみならでは――という希少性を持ち出されると、高く評価されていると錯覚して、うっかりイエスと言ってしまいます。

「行動力のある、きみだから」「きみこそ適任」「きみだけが頼り」

こんな口説き文句で、拒否されそうな仕事は、どんどん押しつけられるから便利です。

誰だって、おだてられて悪い気はしないからです。

たってのお願いと頼られれば弱いのです。

テクニック

26

ライバルを蹴落としてイエスと言わせる

説得の技法「接種理論」

「接種理論」と呼ばれる心理学用語があります。

あらかじめ、マイナス要素を吹き込んでおくと、インフルエンザワクチンを接種されたように、ウィルスへの抵抗力が強まり、インフルエンザにかからなくなる原理です。

上司「きみに今度担当してもらうP社は、強烈な値引きを要求してくるので気をつけろ」
部下「わかりました。ガードを固めていくので、言いなりになるつもりはありません」
上司「必ず持ち出してくるのが、他社製品との性能比較だ。だから事前に他社のデータを集めて分析しておくことだ。そして、他社につけ込まれそうな、うちのウィークポイントはあらかじめ説明して、弱点にならないようP社を丸め込んでおくことだ」
部下「了解しました。P社さんには、絶対に他社からの売り込みを許しません」

上司がこう伝えておけば、守りも万全になります。

取引先で、ライバル製品との比較で、劣勢に立たされないよう手を打っておけば、ライバル製品を蹴落とせます。

P社「正直迷ってますよ。おたくの製品にするか、Q社の製品にするかで……」

当方「ご検討いただけて光栄です。うちの製品は、Q社さんと比べて価格が高いんですが、そのぶん、耐久性には自信をもっております」

P社「そうですか。しかし、それならなぜ耐久時間の目安を表示しないんです？　Q社さんは3年間保証付きで10万時間までの耐久性能を謳ってますよ」

当方「はい、おっしゃる通り、うちは1年保証しか付けておりませんし、耐久時間も明示しておりません。ただ、うちはメンテナンスサービスに絶対の自信をもっておりますし、弊社のシリーズは20年のロングセラーですが、Q社さんはまだ3年です」

Q社が攻撃してきそうな点を、あらかじめワクチン接種しておくことなのです。

テクニック

27

ノーが言いにくい状況を作ってイエスと言わせる

説得の技法「ランチョンテクニックと連合の原理」

好きな女の子とデートしたい時には「今度、食事に行こうよ」などと誘います。大事な取引先の相手にも「近々、ぜひご一献《いっこん》を」などと言って酒席に招きます。いずれも食事に誘っているわけですが、親しくなるためには理に適《かな》った方法です。人にとって、何かを口にしている時というのは、快楽だからです。おいしいものや、素敵な雰囲気を味わっている時には、気分がよいので対立を避け、否定的でありたくない——という心理がはたらきます。

ゆえに、交渉は、モノを食べながらするのがよい——という図式が成り立つのです。心理学では**「ランチョンテクニック」**と呼ばれる方法論ですが、食事をしながらの席では、相手の要求やお願いに、ノーと言いにくくなり、イエスの承諾をしてしまいがちというこことなのです(ランチョンは本来、午餐《ごさん》の意味で昼食です)。得意先を接待するというのは、良好な関係を維持するうえで、非常に重要で意味のあることだとわかります。

これは、**「連合の原理」**という無意識の心理作用がはたらくことから起こる現象です。

連合の原理とは、ふたつの異なる対象物が、心の中で結びついてしまうことです。

おいしい食事と相手の人柄が結びつくと、相手に好感をもってしまうのです。

楽しい雰囲気があると、相手のお願い事も好ましいものに思えてしまうのです。

無意識に心に浸透してきますから、いつのまにか抗《あらが》いがたい心理を形成させられます。

テレビCMに人気タレントが起用されるのも、タレントの好感度と、宣伝している商品とを、セットで結びつけてもらう効果が期待されています。

地元のサッカーチームを熱心に応援するファンがいるのも、連合の原理がはたらいて、自分とチームが一体になっているのです。チームが勝てば、自分が勝ったように、誇らしく嬉しくなります。オリンピックで自国のチームを自然に応援してしまうのも同様です。

高価なブランド品を身につけることや、事業に成功した男性が美女を従えて歩くことなども、連合の原理がはたらいています。

高級ブランドや美女にふさわしい自分——を無意識に顕示する心理がそうさせます。

テクニック 28

相手の知性に鑑みてイエスと言わせる

説得の技法「片面提示と両面提示」

「仲人口《なこうどぐち》」と言うのがあります。

「優子さんは、とてもチャーミングで、お人柄もお優しく、才媛でらっしゃいますよ」
「良夫さんは、一流企業のエリート社員ですが、気さくな性格のスポーツマンですよ」

縁談の際、両者を取りまとめるために、両方によいことばかりを言い、あまり当てにならない例えとしても用いられるのが、この「仲人口」というものです。
営業で売り込む際に、自社製品の優秀性ばかりを強調すると、かえって信用されなくなるというのも、同じ原理によるものです。
心理学では**「片面提示」**と**「両面提示」**といって、よいことばかりをアピールする「片面提示」が信用されるのは、相手に経験や知識が乏しい場合に限られるとされます。

おしゃる通り価格は高いです！ 新製品だからです
しかし、性能は旧製品と比べ3倍優れています！ 3倍すよ！
うーむ なるほどー

※インテリほど両面提示で説得されやすい！

知性の高い人ほど、よいことだけでなく、ウィークポイントまでも「両面提示」されるほうが、信用度が高まり、説得力が増すのです。次のように使いましょう。

当方「新製品なので価格は高いですが、機能は3倍優秀です」

「親近化効果（71頁）」がはたらきますから、ネガティブ情報は必ず先に言うことが肝心です。

後のほうで「高い」などと言うと、ネガティブな記憶が強まり、悪印象になるからです。

テクニック
29
「アレレ？」と思わせてイエスと言わせる

説得の技法「認知的不協和」

人は、自分にふさわしくないと思ったり、矛盾を感じることがあると納得がいかなくなります。「なんで？」と混乱し、真意を知りたくなります。

部下「課長！　なぜですか？　なぜ、入社10年の私に、K社を担当させるのですか？　はっきり言ってK社はうちの代理店として、並はずれた不良代理店ですよ。契約は守らない、入金は遅れる、他社製品を扱う、うちの純正品を横流しする……。本来ならば、代理店契約を解除すべき最低の代理店です！」
上司「うむ。きみの言う通りだが、きみのキャリアアップのためには必要なんだよ」
部下「えっ？　私のキャリアアップですか？　そ、それはいったい、どういうことで…？」

こう言われると、部下の頭の中には、さらにハテナマークがひろがることでしょう。

上司は、このあと、もっともらしい理屈で回答してやればよいのです。「弱小代理店の担当経験がないことが、きみの昇進の弱点になっているから」とか何とかです。

人は、何かの出来事に遭遇し、それが自分の考えていたことと違っていると、「何で？」と不快になります。これを心理学では**「認知的不協和」**と呼んでいます。

この不快感を解消するためには、出来事への対処の仕方を変えるか、認識や考え方を改めるよりありません。この上司は、部下の認知的不協和を利用して説得を図ったのです。

矛盾を解消してやるには、本人がなるほど——と腑に落ちる何か別のロジックを用いてやればよいのです。

「会社は、仕事をするところじゃないぞ！」などと常識を覆すような、逆説的なことを上司が言えば、部下たちは一斉に「え？　何それ？　なんで？」などと注目してきます。

あとから、「会社はなあ、社会的貢献を模索する場なんだ」などと言えば、納得します。

近頃では「顧客の要望なんか聞くな！」といった過激な書籍タイトルなどに使われています。「なんで？」と認知的不協和状態を作られると、思わず注目が高まるからなのです。

テクニック
30 ほどほどにけなすことでイエスと言わせる

説得の技法「ほめと親近化効果」

他人をけなしてばかりいる人は、周囲から嫌われて、誰も寄りつかなくなるでしょう。だからといって、誰にでも愛想よく振る舞い、お世辞やおべんちゃらを言う八方美人が好かれるかといえば、これまた誰からも信用されなかったりします。

他人をけなさず、いつもほめていれば万事うまくいくと思ったら大間違いなのです。

心理学での有名な実験があります。

A・最初から最後までほめっぱなし
B・最初から最後までけなしっぱなし
C・最初にほめて、最後にけなす
D・最初にけなして、最後にほめる

被験者が、好感度を感じた相手は、《D→A→B→C》の順になったのです。

最初にけなされても、最後にほめられる——のが、最も好感度が高かったのです。

最初にほめられても、最後にけなされる——のが、最も好感度が低かったのです。

ここでも、あとよし効果の「**親近化効果**（71頁）」が生じて、最後の記憶が強化されるメカニズムがはたらいていることがうかがえます。一番、信憑性が高くなるのです。

上司「きみは、そそっかしくてミスも多い。しかし、誰にも負けない粘りと根性がある。その点が高く評価されて、事務職から営業職に配置変えになるんだよ」
部下「そうだったんですか。じゃ、喜ぶべきことなんですね。左遷じゃないんですね？」
上司「もちろんだよ。3〜4年でまた戻ってもらわないと、うちの部も困るからね」

このように、相手を丸め込むのに使えます。気をつけるべきは、最初にけなして、あとからほめると好感度が高く信憑性が増す——といっても、ボロカスにけなしすぎると身も蓋《ふた》もなくなるということです。あくまで「ほどほどにけなす」程度と心得ましょう。

テクニック

31

憐れみや同情を誘ってイエスと言わせる

説得の技法「援助行動」

白昼堂々、制服姿の女子中学生が、通りがかりの大人の女性ばかりに、「財布を落としてしまい、家まで帰るタクシー代を貸してほしいんです」とお願いしたら、次々に一人当たり2000円~3000円と、お金を貸してもらえたという実例があります。

実はこの女子中学生、寸借詐欺で補導されるのですが、なかなかの心理通です。あどけなさの残る制服姿の女子中学生だからこそ、大人はまんまと騙《だま》されたのです。心理学に当てはめると、赤の他人から「援助行動」を引き起こしたことになります。援助行動とは、自分と相手に何の関係もないのに利他的行動をしてしまうことです。気の毒な被害を目の前にすると心は揺れ動かされるのです。

当　方「実は、昨日空き巣に入られました。預金通帳から印鑑、パソコン機器類の一切合財をやられ、警察の現場検証で大変でした。そんなわけで、ご連絡が遅くなって**

※何かの被害に同情すると援助したくなる！

申し訳ありません。それであの…例の件はご検討いただけましたでしょうか？」

先　方「ええっ？　そりゃ、大変でしたねえ…（汗）、ああ、あの件ですか？　そりゃもう、ＯＫですよ。お願いしますよ」

何かの被害に遭ったことと、仕事を依頼することには何の関係もないはずなのに、ノーとは言いづらくなってしまうのです。台風の中を、ずぶぬれになりながら、得意先に注文を取りにいくのでも、それなりの効果が見込めることでしょう。

テクニック 32

ロジックの枠をはめ直してイエスと言わせる

説得の技法「フレーミング効果」

同じ内容を伝える場合でも、言い方次第でイメージは変わります。

「手術が失敗する確率は30％あります」と言われるより、「手術が成功する確率は70％もあります」と言われたほうが手術を受ける方向への説得力が増します。

「タウリン1000ミリグラム配合」の栄養剤はすごく効きそうですが、単位を変えれば、たったの1グラムのことです。

「50名様に1人、お買い上げ商品代金が無料になるキャンペーン」と言われるとスゴイことのようですが、当選者はわずか2％です。

「世界がもし100人の村だったら、アジア人は57人」と言われるとわかりやすいです。

心理学では、このように枠組みを変えて、相手の心理を誘導する**「フレーミング効果」**が知られています。相手の思考の枠組みをどう変えるかで勝負が決まるのです。

息子「やっぱり父さん、ぼくは起業しようと思います。いま、20代だからこそできることをやりたいんです。ネットの世界は、早く起業しないと意味がないからなんです」
父親「せっかく大企業に入れたのにもったいない話だな。20代で起業した人の99・9％の人が失敗してるぞ。失敗すると無職になるか、非正規雇用しか道はないぞ」

こう言われると、息子も内心ぐらついて、考え直してくれるかもしれませんが、仲間に次のようにけしかけられると、やはり脱サラ・独立起業へと突っ走るかもしれません。

仲間「オレたちが、失敗するなんて誰が予想できる？　１０００人に１人しか成功しないなんて統計はどこにもないよ。大企業のサラリーマンだからって安心出来ない時代だよ。将来中高年になってリストラされてからじゃ、ツブシも利かなくて大変なんだぜ。貪欲《どんよく》になれ――、馬鹿になれ――っていうジョブズの言葉を噛みしめようぜ」

マイナス思考が習い性になっている人には、ポジティブ思考の枠組みが効きます。

テクニック 33

比較させることでイエスと言わせる

説得の技法「コントラスト効果」

「コントラスト効果」と呼ばれる心理現象があります。

お寿司屋さんの一人前メニューに、「松2200円・竹1500円・梅1200円」などとあると、竹が最も注文としては多くなるものです。

松はちょっと高いな、でも、梅は一番安いけど、貧乏くさいかな――などと見栄を張るからだったり、真ん中を選べば、まあ、当たり外れも少ないだろう――という安心感もはたらくからです。

不動産屋さんに、賃貸物件を案内される場合も、最初に見せられる物件は、希望の条件と同価格帯であっても、古くてあまり見栄えのしない物件だったりします。

最初に見た物件で、この価格帯ならこういう水準ですよ――といった先入観を刷り込まされるわけです。

次に不動産屋さんのイチオシ物件を見に行くと、最初の物件よりも、はるかによい物件に見えますから、こちらを選んでしまう――というわけです。

相手にイエスと言わせたい場合には、条件をひとつだけに絞って、ストレートに回答を求めるより、ダミーとしてそれより高い条件のモノか、劣悪な条件のモノも一緒に提示して、比較させるようにしたほうがよいということです。

お客「こちらのケースにある時計は、おいくらですか？」
店員「こちらは、すべてロレックスのモデルなので、１００万円以上のものになります」
お客「うほ…う（汗）、……（超高級だなあ…、とても手が出ないな…）」
店員「お客様のようなご年齢でしたら、こちらのお品などがよろしいかと思いますが」
お客「ほう、こっちも有名メーカーのものばかりですね。価格はどのぐらいですか？」
店員「こちらですと、いずれも10万円台でお求めいただけます」
お客「ほう、こっちはずいぶんお安いんですねえ。じゃあ、こっちで選ぼうかな」

10万円台でも、お手軽価格に思えてくるから、不思議なものです。

テクニック

34

驚愕させてイエスと言わせる

説得の技法「驚愕効果」

人が緊張したり、興奮したりしている時は、交感神経が刺激され、体調がたちまち変化することは、第1章のイヤな相手・苦手な人物に遭遇した時の事例で説明いたしました。呼吸が浅くなり、筋肉の硬直で体が固まり、心拍数が増大し、血流が活発になって血圧が上がり、発汗作用、咽喉の渇きへとつながっていく一連のメカニズムがあるわけです。

こうした状態に陥ると、頭の中も興奮するため、冷静な思考もはたらかなくなります。そのため、この不快な状況を続けたくない思いから、相手の言うがままに従ってしまうというケースが多くなるわけです。

ところで、人を緊張させたり、興奮させるには、怒鳴ったり、毒のある言葉を投げつけなくとも、**「驚かす」**ことだけでも十分実現させることができます。

上司「杉本くん。きみにねえ、子会社に出向してもらう話があるんだけども……」

お、お願いします！
しゅ、出向じゃなくて
地方転勤がいいです！
あー
そうかね
？
んじゃ転勤の
ほうの話ですすめて
あげようか

※怖い話で驚かされると別の悪い条件でも承諾してしまう！

部下「ええっ！（驚愕）しゅ、出向ですか？　な、なんで、ぼくが？（汗）」

上司「うん、理由は私にもわからない。たぶん社内の人事構成の見直しだろう」

部下「イヤですよ、そんな（汗）、出向したら、転籍でしょう？（涙目）」

上司「うん、たぶんな。よし、じゃ、地方支店への転勤に変更してもらおう」

部下「ぜ、ぜひ（汗）、そのように、お願いします。出向だけはご勘弁を！」

はじめに「出向」という怖い話で驚かせると、「地方転勤」もスムーズに承諾させられます。

テクニック

35

優柔不断で決断できない人にイエスと言わせる

説得の技法「責任回避」

優柔不断な人は、決断して、失敗したらイヤだな——という臆病な心理が潜んでいます。なので、なかなか物事を決められず、「ノロマな奴」と見くびられることも多いでしょう。こういう人には、何より安心させてあげることが一番なのです。

①「これがいいよ！」と、自信をもってこちらが決断してやり、強く推奨する。
②決断が間違っていたとしても、「問題ない・心配ない・責任ない」ことを強調する。

この二つのことを実践し、背中を押してあげるとうまくいきます。

余計なイメージをふくらませないことが肝心です。

彼女「あたしは、アイスコーヒーを注文するわ」

彼氏「きみはアイスか…、どうしようかなあ、ぼくはホットか…カフェオレか…」
彼女「このお店はアイスが一番おいしいのよ。あたしの言う通りにして間違いないわよ」
彼氏「あ、そうなんだ…。じゃ、きみの言う通りで、ぼくもアイスコーヒーにする」

＊　＊　＊

部下「課長、例のY社とのプロジェクトは、予定通りすすめてよろしいでしょうか？」
上司「あ、あれね…、いいと思うんだけど、ホントに大丈夫かな？」
部下「は？　大丈夫かなと申しますと、何が？」
上司「途中でとん挫したら、Y社とは、コストの分担で揉めるんじゃなかろうかと…」
部下「大丈夫ですよ。絶対失敗しませんから。あの、万が一にですよ、失敗した時には、それは私の責任ですよ。私が実務担当者なのですから、私のドジで、課長には一切責任は及びませんよ。安心してください。絶対成功間違いなしの話ですからね」
上司「そ、そうか…それなら頼むよ。何かあったら、すぐに報告してね」

悩ませるとキリがないので、とっとと追い込むことが肝心です。

テクニック

36

大義名分を押し立ててイエスと言わせる

説得の技法「大義名分」

昔、戦時中の日本では、「お国のため」「天皇のため」と言えば、どんな理不尽なことでも大手を振ってまかり通った時代がありました。

「隣組」と呼ばれる町内会組織よりも細かい官主導の班組織で国民を縛り、物資の供出や配給、思想統制、相互監視の役割を担わせ、それに非協力的だとただちに「非国民！」呼ばわりして、排除の論理で国民を支配していた時代というわけです。

ドイツのことわざに、「愛国心とは、ならず者の最後のよりどころなり」というのがあります。大義名分を押し立てられると、人が逆らえなくなることを憂えたものでしょう。

上司「きみ、来週金曜日に、うちの他、T社、Q社、D社の大手4社が集まって、出荷額の調整について、申し合わせをすることになったから、きみも出席してくれ」

部下「部長、申し合わせって、まさか、談合ですか？　それって独禁法違反では？」

上司「馬鹿！　お前、なに青臭いこと言ってんだよ。会社のためだろう？　うちの会社が価格競争の消耗戦に巻き込まれて、つぶれてもいいと思ってんのかよ！」
部下「いえ、そ、そんなことは…（汗）、でも、バレたら、やばいんじゃないすか？」
上司「大丈夫だ。何十年も前からやってることだ。みんな口の固いメンバーばかりだよ」
部下「えっ？　な、何十年も前からやってたんすか？　りょ、了解いたしました（汗）」

とまあ、こんなことをやっている会社や業界は、どこにでもあります。

「会社のため」と言われると、誰もがノーとは言えなくなるからです。

むしろ、口の固い社畜人間として認められ、悪巧みの仲間に入れてもらえたのですから、将来の出世を見据えると、どこか誇らし気になる人だっていることでしょう。

「会社のためだから、見て見ぬフリをしてくれ」「家族のためだから、我慢してくれ」

何かの「**大義名分**」を押し立てられると、人はイエスと言って逆らえなくなるのです。

テクニック

37

仮想のイメージを膨らませることでイエスと言わせる

説得の技法「イメージ拡大」

相手をその気にさせてイエスと承諾させる時、相手自身に「楽しいイメージ」を描かせることがポイントになる場合があります。願望をさらに膨らませてあげるのです。

お客「うーん、いいクルマだなあ。でも価格が270万円だと、ちょっと高いなあ…」

店員「いろいろオプションが付いてこのお値段ですから、お買い得かと思いますが…」

お客「うーん、やっぱり厳しいなあ。せめて250万円ポッキリだったらなあ…」

店員「お客さん。では、明日まで待っていただけませんか？　今日は店長が不在なので、判断を仰げないのですが、明日朝一番にかけ合ってみますよ。250万円で」

お客「えーっ？　ホント？　うれしいなあ。オレ、どうしてもこのクルマ欲しいんだよ」

店員「お客さんのお気持ち、痛いほどわかります。私も何とか頑張ってみますから！」

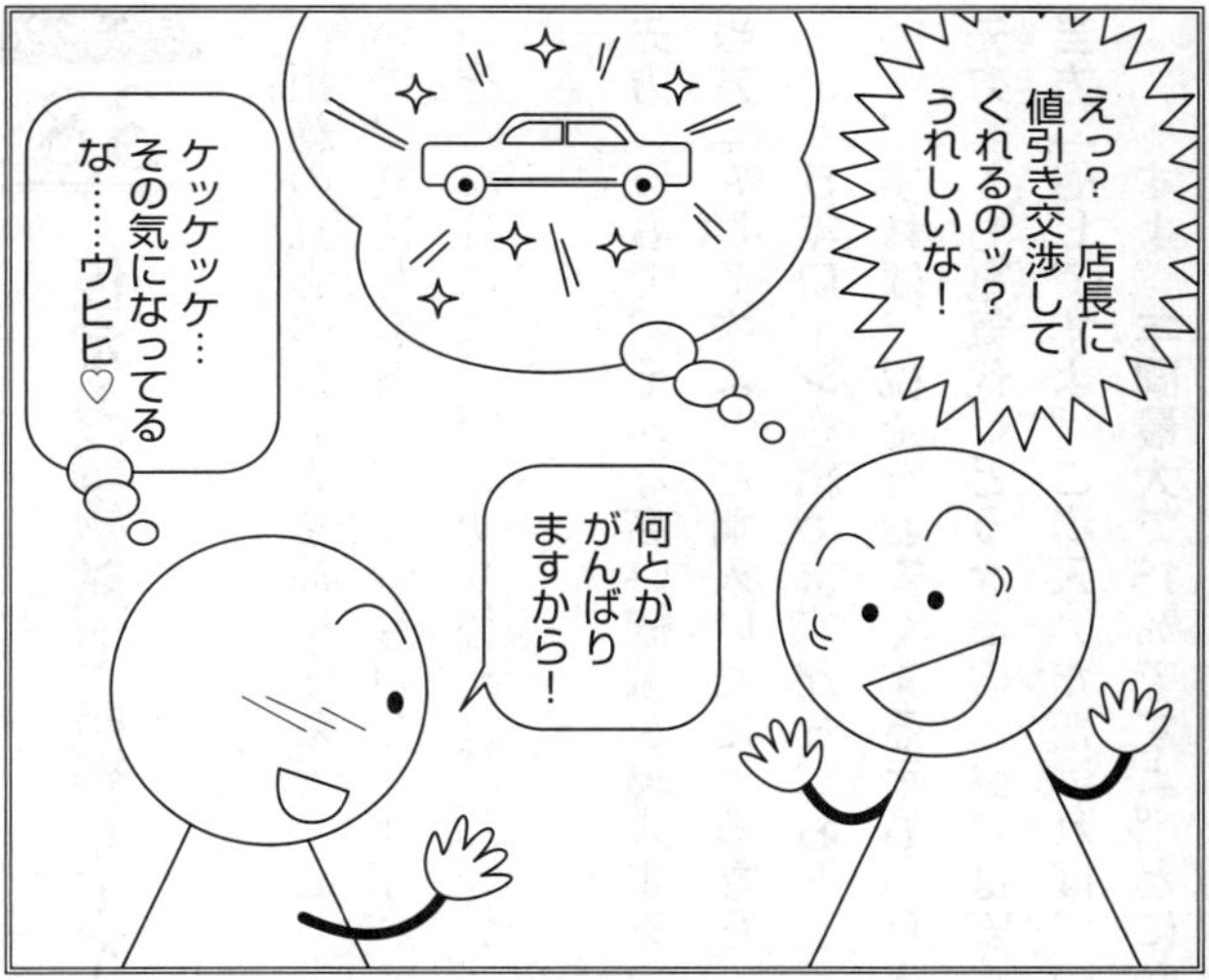

こんなことを言われたお客は舞い上がります。否が応でも、気にいったそのクルマに乗り、自分が颯爽《さっそう》とドライブしている姿を思い浮かべることでしょう。

そして、翌日——。

店員「お客さん、申し訳ありません。270万円がギリギリで、無理でした…」

お客「えーっ？ 駄目だったの？ くそっ、じゃあ、270万でも買いますよ！」

まんまと店員の術策にハマったのです。

お客が願望を膨らませすぎるとこうなるのです。

テクニック
38
仮定の選択肢で誘導してイエスと言わせる

説得の技法「仮定の選択肢」

拒絶の意志の強い人を前にすると、どうにも攻めあぐねてしまいます。途方に暮れる思いで、気持ちも萎えてくるものでしょう。

そんな時には、頭を切り替え、軽い気持ちで「仮定の話」をすることをおすすめします。

先方「うちで、そんな高い機械を導入するつもりはありませんよ。とにかく高すぎます」

当方「もしですよ。ご購入いただけるなら、サービスで消費税分カットしますよ。それに5年ローンも組めますから、おトクです。あるいは、もし、リース契約にして償却すれば、税金をお安くする手もありますよ。いいお話でしょ?」

先方「でも電気代はどうなるの、少しは安くなるの?」

当方「もしですよ。ご導入いただければ、いまの電気代より、最大で15%も節電になりますよ。年間最大で15%ですよ。とにかく一度試算だけでもさせてくださいよ」

先方「ふーん。そうなの？　そんなにいいこと尽くしになるのかなあ……」

このように、「もし～ならば」と仮定形で説明すると、相手も具体的なイメージを抱きやすくなるのです。すると、少しずつ興味をもってくれますから、突破口も開けるのです。女の子を口説く時も同じです。仮定の選択肢を選ばせながらイメージを抱かせます。

男「きみは、誰かとデートする時って、食事は和食系が好きなの？　それとも洋食系？」
女「そうねえ、和食のほうが好きだわ」
男「和食だと、何が好き？　寿司、天ぷら、串揚げ、和風ステーキ、刺身とか？」
女「お刺身とかが好きだわ。新鮮な魚介料理とかがメインで……」
男「いいね、それ。で、もし行くとしたら、銀座、原宿、六本木、恵比寿、どこがいい？」
女「そうねえ、原宿、恵比寿が楽しそうかな…」
男「原宿にすごく新鮮で、うまい魚介料理の店があるけど、一度案内してあげたいなあ」
女「へーそうなんだ。なんか詳しそうね。じゃあ、いつ連れて行ってくれるの？」

テクニック

39

「お願いされる側」の立場に回ってイエスと言わせる

説得の技法「主導権の逆転」

交渉事は、「お願いする側」の立場のほうが、圧倒的に弱いものです。

そこんとこを何とかしてくださいよ——などと頭を下げて頼むのですから当然です。

交渉事で主導権を握り、こちらが有利に立ちたい時には、できるだけ早く「お願いする側」から、**「お願いされる側」**に回ることが大切です。そうすれば、相手はこちらの思うがままに誘導されて、イエスと言わざるを得なくなるからです。

ポイントは、相手の要望を早目にじっくり聞いて上げることなのです。

店員「お客様。ノートパソコンをお選びでしょうか？」
お客「うん、そう。でも、ネット通販で買うよりも、おたくの製品は高いねえ」
店員「何か、お気に召された製品はございましたでしょうか？」
お客「うん、この○×社製がいいかなと思ってるけど、ネットより割高なんだもん」

店員「お客様は当店のポイントカードはお持ちですか？」
お客「うん、持ってるけど」
店員「じゃあ、こうしましょう。今月決算なので、追加で3ポイントお付けしますよ」
お客「たったの3ポイント？　それぐらいじゃ、ネットのほうが安いじゃん」
店員「お客様は、どのぐらいのポイント上乗せをご希望ですか？」
お客「そうね、せめて10ポイント欲しいな」
店員「お客様。ネットでもそこまではお安くないでしょう？」
お客「そりゃまあね。じゃあ、7ポイント追加してよ、ね？」
店員「うわあ、それでも、厳しいですねえ」
お客「じゃ、5ポイント。ね、これぐらいなら、いいでしょ、お願いしますよ」
店員「うーん、すでに3ポイント付いてるうえでの、追加のポイントですからねえ」
お客「わかったよ。じゃ、3ポイントでいいから、特別に追加してよ。合計6ポイントね」
店員「かしこまりました。お客様、お買い上げありがとうございます」

テクニック

40 イエスと言うのが当たり前と思わせてイエスと言わせる

説得の技法「バンドワゴン効果」

日本人は、集団主義の呪縛に弱いとされています。

一人だけ、みんなと違った行動をするには抵抗があるのです。

「仲間外れ」を恐れる心理は、共同作業が欠かせなかった、長い農耕文化にその理由があるのかもしれません。心理学では**「同調行動」**と呼びますが、効果もバツグンなのです。

同僚A「斉藤も鈴木も工藤も、すでに賛成してくれたけど、きみはどうなんだい？」

同僚B「えっ？　あ、もちろん（汗）、ぼ、ぼくも、その意見には賛成するよ」

同調には、見せかけだけの「表面的同調」と、本心からの「内面的同調」があります。

同調行動は、**「バンドワゴン効果」**という名で知られます。

バンドワゴンとは、パレードの先頭で音を鳴らす楽隊車のことを意味し、**多勢に与《くみ》す**

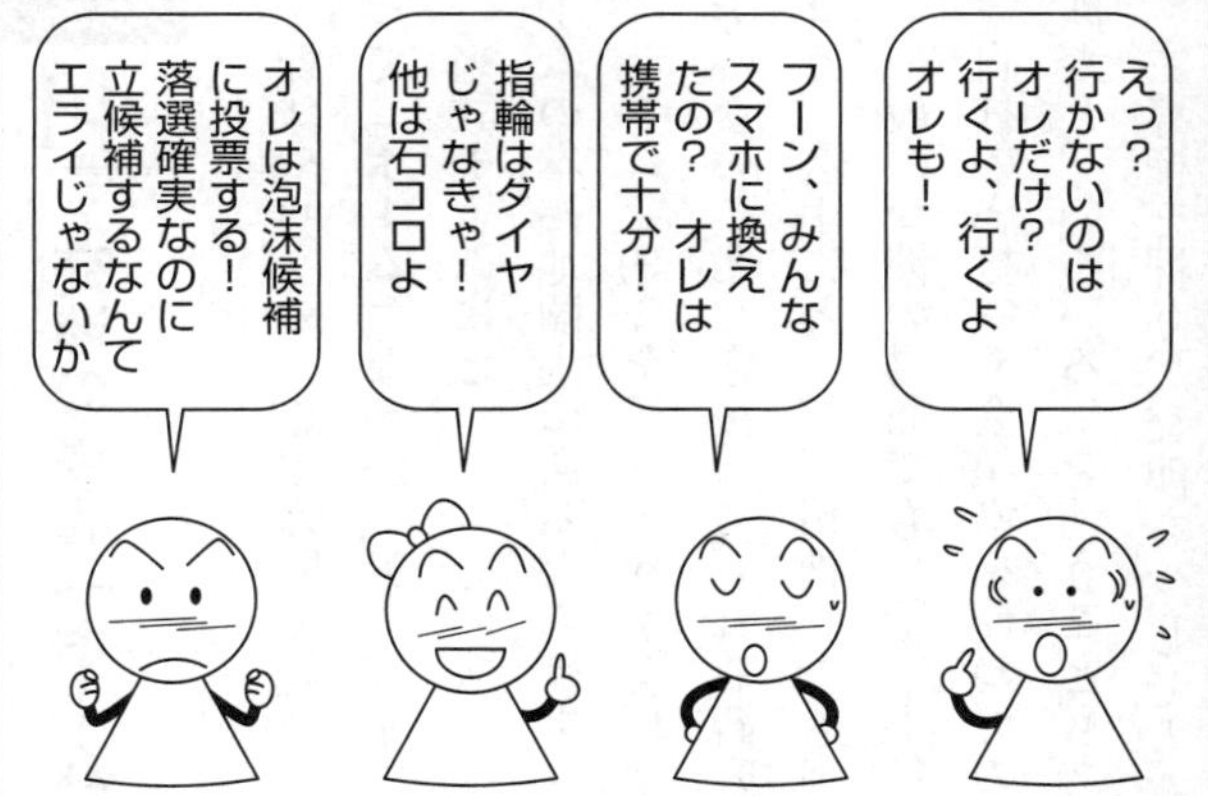
えっ？
行かないのは
オレだけ？
行くよ、行くよ
オレも！
フーン、みんな
スマホに換え
たの？　オレは
携帯で十分！
指輪はダイヤ
じゃなきゃ！
他は石コロよ
オレは泡沫候補
に投票する！
落選確実なのに
立候補するなんて
エライじゃないか

バンドワゴン効果（同調志向）　スノッブ効果（別志向）　ウェブレン効果（高級高額志向）　アンダードッグ効果（負け犬志向）

る・時流におもねる・勝ち馬に乗る――といった行動を指しています。

会議の前に根回しをして多数派を形成しておくと合意が得られやすくなります。

流行の製品や人気のあるサービスには、多くの人が群がります。

また、選挙で自分の票を生かしたい人は、優勢が伝えられる候補に投票します。

ちなみに、多数の支持があることを嫌い、別のモノを支持するのを「**スノッブ効果**」、高価で高級品であるほど支持を集める現象を「**ウェブレン効果**」と言います。

バンドワゴン効果の逆は、判官《ほうがん》びいきで劣勢を支持する「**アンダードッグ効果**」です。

テクニック

41

交渉の場を「ホーム」にしてイエスと言わせる

説得の技法「ホーム効果」

野球やサッカーなどの団体競技では、試合を行うスタジアムが、それぞれのチームにとって「**ホーム**」なのか「**アウェイ**」なのかが、気がかりな話題のひとつとなります。

当該チームにとって、そのスタジアムが自分の本拠地圏内にあるならホーム、相手側チームの本拠地圏内にあるならばアウェイという位置づけがなされます。

ホームで試合を行うほうが有利とされるのは、施設や環境に慣れていること、移動の苦労がないこと、応援してくれる観客に自チームのファンが多いことなどが挙げられるでしょう。選手にとって、精神面でも肉体面でも余裕のメリットが感じられるからなのです。

一般の交渉の場面でも、「ホーム」と「アウェイ」はあるものです。

自社の応接室や会議室を使っての交渉ならホームですが、相手先のそれらを使っての交渉だと、いろいろ気を使うこともあって落ち着かず、アウェイと言わざるを得ません。

主導権を握り、交渉を少しでも有利にすすめたいなら、ホームを使うのが安心でしょう。

ところで、ホームでもなければ、アウェイでもない場所で交渉を行う場合は、どうすればよいのでしょうか。

ニュートラルなその場所を、こちらに有利な「ホーム」に変えてしまえばよいのです。まず、ひとつ目として行うべきは、交渉の場に1時間以上前に到着し、施設をくまなく点検しておくことです。交渉の場はどんな場所なのか――ということをです。

どんな建物の何階の、どこに位置する部屋なのか、会議室なのか、喫茶店なのか、料理屋なのか、レストランなのか――。その広さを知り、空調の効き具合を体感し、バックグラウンドミュージックなどの傾向をも探っておくのです。出入り口から非常口、洗面所にいたるまでつぶさに確認し、メニューもひと通り眺めて把握しておきましょう。

ふたつ目として行うべきは、そこの従業員と会話を交わし、いろいろ尋ねて仲良くなっておくことです。店の来歴や由緒、特別のこだわり料理があれば聞いておきます。

こうしておけば、交渉相手を迎える頃には、すでに常連客のような風情で案内できます。相手は無言のプレッシャーを感じ、他人の家に上がるような気分を味わいます。

テクニック

42 本質を見誤らせてイエスと言わせる

説得の技法「ハロー効果」

心理学の**「ハロー効果**（後光効果・halo は後光、光輪の意）**」**をご存じでしょうか。

イケメンや美人は、異性からチヤホヤされて、モテモテです。

それは外見のよさが、見る者の官能を刺激し、快感をもたらすからに他なりません。

つまり、イケメンや美人は外見だけでなく、中身までもが外見と同じく、高い評価を受けてしまうものなのです。これが「ハロー効果」のもたらすおトク効果というものです。

カッコよくスポーティーな外見の人は、爽やかで快活な性格の人に思われます。

美しく可憐な外見の人は、優しく清らかな心の持ち主に映ります。

本当は、ひねくれた意地悪な性格でも、そうは見られないのです。

このように、イケメンや美人は世渡りするうえで、なんてったっておトクなわけです。

もちろん、「ハロー効果」がはたらくのは、外見ばかりとは限りません。

学歴、経歴、資産、地位、権力、特技、能力、資格、知名度……などといった面が、際立って優れていれば、これまた他の部分までもが優秀であるかのようにみなされるのです。「英語がうまい人は国際感覚に優れている」「東京大学出身の人は頭脳明晰だ」「大企業にお勤めの人は真面目」「テレビでよく見る有名人は信用できる」……などです。

もちろん、ネガティブにはたらく場合だってありえます（「ネガティブ・ハロー効果」）。たとえば「太っている人は自己管理能力がない」「どや顔の人は教養がない」などです。

いずれにしろ、**バイアス（偏見や先入観）**がはたらいて、本質を見誤ってしまうのが「ハロー効果」なのです。人物だけでなく、クルマや家などのモノでもそうなります。

営業マン「いかがです？　この物件は新築同然です。実際は、築30年の古家でしたが、弊社のリノベーション技術で耐震補強を施し、完成させた自信作なのです」

お　客「うわあ、ホントにステキ！　こんなにキレイなお家で、新築より3割も安いなんて信じられないわ。これに決めるわ！　ぜひ売ってください！」

再建築不可の狭小地に建つ古家でも、表面リフォームだけで簡単に売れるゆえんです。

テクニック
43
引っ込みがつかない形に誘導してイエスと言わせる
説得の技法「ローボール・テクニック」

「簡単な仕事だからお願い」と頼まれたり、「ただいま激安価格でご奉仕中!」などと呼びかけられると、思わず好意的に反応しがちです。受け入れやすい条件だからです。

上司「きみ、30分だけ、残業をお願いできないか? 簡単な仕事だから…」
部下「はい、大丈夫ですよ。何をお手伝いいたしましょうか?」
上司「この資料だけど、ここのデータの部分だけ、円グラフに変えてほしいんだよ」
部下「え? あ…はい(汗)。ここ、ですね(30分で終わらねえだろ、コレは!)」

街角で「メニュー全品2割引き」のチケットを手渡されて喜び、同僚と連れだってお店に向かったところ、メニューの価格が予想外に高かった——ということもあります。想定外の事態なのですが、今さら引っ込みがつかないので、飲食する羽目になります。

お客様300円になります！
アレ？ここ百円ショップでしょ？
え？値札付の商品は値札の価格なの…？ま、しょーがないなーそれ、ください！
※ローボールで誘われると引っ込みがつかなくなる！

こうした例が「**ローボール・テクニック**」と呼ばれる心理コントロール法なのです。ローボールとは、受け取りやすい、低めのボールのことで、「誘い玉」です。

いったん、ローボールを受け取ってしまった人は、次が少々予想外の高さのボールであっても、仕方なく受け取ってしまうので、そこを狙った作戦になるわけです。

官公庁のシステム構築の入札などでは、大手ＩＴ企業の「1円入札」の報道が流れます。これもローボールの食わせ玉です。役所の単年度会計を逆手にとって翌年度以降は随意契約でガッポリ儲けます。蚊帳の外の納税者は「いい面の皮」なのです。

テクニック

44

小さなお願いを呑ませてから、次々とイエスと言わせる

説得の技法「フット・イン・ザ・ドア・テクニック」

前項で紹介した「**ローボール・テクニック**」は、「**一貫性の原理**」と呼ばれる心理作用を応用しています。イエスと言ったことには、首尾一貫した行動をとらないと、自分の信用にも関わるという深層心理がはたらくがゆえに、ノーと言えなくなるのです。

ここで、紹介する方法も、同じ「一貫性の原理」を利用しています。

はじめに受け入れやすい条件を提示して、承諾を得るところまでは同じですが、そのあとは少しずつ条件を引き上げていき、それにも次々承諾を得ていきます。そうして最後の本命の条件まで辿りついて、それをも呑ませてしまうのです。

いったん、ドアに片足を入れれば、すべてがOKになってしまうも同然なので、「**フット・イン・ザ・ドア・テクニック**（段階的依頼法）」と呼ばれます。

店員「いかがですか？　お袖だけでもお通しになってみては。さ、さ、どうぞどうぞ」

お客「ああ、わりといい感じですね。すっきりしたデザインで…」
店員「こちらのスカートも合わせてみませんか？　どうぞどうぞ、試着室へ」
お客「ああ、サイズもぴったりかな。上下と合わせると、たしかにいい感じですね」
店員「ステキですわー　お似合いです。ほら、後ろからのシルエットもご覧になって」
お客「うん。いい感じね。じゃ、これにします。おいくらですか？」

＊　＊　＊

上司「お、山崎くん、帰るのか？　急ぎでなかったら、ちょっと手伝ってくれんかな？」
部下「あ、はい。急ぎじゃないすから、大丈夫ですよ」
上司「ありがとう。この書類を折って、封筒に入れてほしいんだ。２００部だけだから」
部下「あ、はい。お安いご用です。この書類ですね。三つ折りがいいですよね？」
上司「おお、そうしてくれ。あ、それからさ、悪いけど、封するまで頼めないかな？」
部下「え？　あ（汗）、はい…。あ、これ、糊が付いてない封筒なんすね…（めんど…）」
上司「悪いね、あ、封が終わったら、宛名シールも貼ってくれると助かるんだけどな…」
部下「あ、はい…（涙目）、わかりました…（なんだよ、全部の作業じゃねえかよ…）」

テクニック 45

最初の要求を断らせてから次の要求にイエスと言わせる

説得の技法「ドア・イン・ザ・フェイス・テクニック」

相手にいきなり、過大な要求を突きつけた場合、断られることが多いものです。ところが、断られてがっかりするものの、駄目元で小さな要求をしてみると、意外や、すんなり受け入れられる場合があります。

子供「ねえ、パパー、スーパーロボット大戦Zのゲームソフト買ってよー」
父親「駄目だよ！　ゲームは、こないだ新しいの買ったばかりだろう！」
子供「あーあ、駄目かあ…。じゃあ、『ワンピース』の新刊買ってよー」
父親「うん？　まんが本か…。まあ、それぐらいならいいか」

大きな要求は断られましたが、要求水準を下げると今度は受け入れられました。
これは、**「返報性の原理**（170頁）**」**と呼ばれる現象です。

子供が譲歩したので、父親も譲歩しなければ——という無意識の心理がはたらいたのです。人は要求を断ると、何かしら罪悪感をもつのです。ゆえに今度は、つい相手に合わせて、できれば要求を受け入れてあげたいと思ってしまうのです。

この原理をわざと使って、相手にイエスと言わせる方法に「**ドア・イン・ザ・フェイス・テクニック**（譲歩的依頼法）」があります。開いたドアに顔を突っ込むという意味です。

最初に過大な要求を出して、断られたらがっかりします。

次いで、本命の要求を持ち出して、要求を呑ませてしまうのです。

営業担当「うちの今度の新製品は、この棚の上から下まで、全部使わせてくださいね?」
売場担当「だ、駄目だよ、そんな、おたくの製品だけじゃないんだから！」
営業担当「がーん！　だ、駄目ですかー（がっくり）、じゃあ、上から2段目だけでも」
売場担当「2段目か…、目立つとこだね。ま、そこ1列だったら、いいですよ」

要求を断られたら、がっかりすることが大切です。相手に罪悪感をもたせましょう。

第3章

意中の相手のハートを撃ち抜く

テクニック

46

戦略的に心理ステップを踏む

コミュニケーション技法「親密化過程」

心理学には、「**親密化過程**」と呼ぶ、人と人とが親密になっていくステップがあります。

◎第1段階（出会い）

人を好きになるか、嫌いになるかの7～8割は、ここで決まるので非常に重要です。ここで形成されるイメージを「**初頭効果**」と呼び、次の3つの要素があります。

①外見的要素………容姿や身なり、表情など。
②性格的要素………親切さや協調性、言動や態度など。
③社会的要素………肩書き、地位、評判など。

◎第2段階（親近化）

日常的にふれあう機会が多いほど親近感を抱きます。「**単純接触効果**」と呼びます。

◎第3段階（定着化）

出身地や趣味、好きな食べ物、興味の対象などが同じだったり、類似していることがわかると、にわかに打ち解けてしまいます。これを「**共通項・類似性の原理**」と呼びます。

◎第4段階（安定化）

自分の苦手とするものを相手が得意だったり――といったことがわかると、お互いに補い合える関係に発展していきます。これを「**相補性の原理**」と呼びます。

◎第5段階（相互理解）

「実は私ね…」とお互いが「**自己開示**」し合うことで、お互いの秘密を共有しているかのような親密な関係性が築かれます。男女間なら、「相思相愛」が成立するほどのレベルです。

テクニック 47

自分の第一印象を操作する

コミュニケーション技法「フレンドリーテクニック」

前項で解説した通り、**「親密化過程」**の中でも、最初の出会いで形成される第一印象は極めて重要です。この時のイメージが**「初頭効果」**として、ずっと尾を引くからです。

この段階では、**「外見的要素」「性格的要素」「社会的要素」**が大きな意味をもちます。「ハロー効果（106頁）」のところで説明した通り、これらの要素のうち、何かひとつでも際立った特徴があれば、その特徴にイメージが引きずられ、拡大効果があるからです。

イケメンや美人が優れた「外見的要素」によって、性格や能力といった内面までもが優れた人物であるように誤認されるだけでなく、「東大卒＝頭脳明晰」「有名人＝信用できる」などの「社会的要素」においても同じことが言えるわけです。

ところで、「外見的要素」や「社会的要素」が劣る人は、どうすべきでしょうか。

そういう人は、「性格的要素」を徹底的に粉飾演技することです。

友情に厚く、信義に固く、真面目で温厚、親切な人を演じればよいのです。

困ったことがあったら何でも相談してね！ボクたち親友なんだから遠慮はいらないよ！
ありがとう！
いい人だなぁ…この人の言うことなら何でも信用できるな♡

※フレンドリーテクニックで好意を感じると抗えなくなる！

それだけで、相手は「なんて感じのよい、信頼できる人だろう」と信じ込んでくれます。

また、こうした役割演技（ロールプレイング）は、実践しているうちにだんだん身につくものでもあるからです。

宗教の世界やヤクザの世界、セミナー商法やマルチ商法（ネットワーク商法）に勧誘する時、デート商法で高額な宝飾品などを買わせる時に使われる**「フレンドリーテクニック」**と呼ばれる手法なのです。

「素晴らしい人間関係」と思い込ませられた相手は、なかなか途中でノーと言って断り、引き返せなくなるのです。

テクニック

48

自分のイメージを作るワザ

コミュニケーション技法「自己呈示・印象操作」

相手の心を撃ち抜くためには、自分自身を相手が受け入れてくれる「よき存在」にしておくことが大切です。

出会いの時には**「外見的要素」「性格的要素」「社会的要素」**のイメージ形成が重要ですが、これら3つの要素をさらに強化する方法があるので、ここに紹介しておきます。

他の人と異なる価値観をさらりと見せて、「注目させる」方法です。

たとえば、イケメンや美人でない人は、服装や髪形によって、自分のマイナスイメージをカバーして、よりよいイメージを形成できることは、容易に想像がつきます。

しかし、初対面では、「相手の靴を見ろ」という言葉がありますが、どんなに高級なスーツに身を固め、高級腕時計をはめていても、うっかりカカトのすり減った薄汚れた革靴を履いていたりすると、テキメン見くびられます。ただの見栄っ張りになるからです。

富裕層の人や、おしゃれに気を使っている人ならば、一番目立たないところまで、きちんとしています。相手が目の肥えた人であることを前提に、きちんと靴にまで身だしなみを心がけないと軽んじられるのです。背伸びをする時には隅々まで気を抜かないことです。

次に、「性格的要素」ですが、これは「言葉遣い」「表情」「態度」「挙措動作」などによってイメージが形成されますから、自分の悪いクセを修正しておくことが大事です。

たとえば「馬鹿馬鹿しい」「下手くそ」「無神経」といった否定的なセリフは封印すべきで、「ユニークな」「なかなかのモノ」「こだわりのないところ」といったポジティブ発言ができるようにします。ネガティブなセリフを多用する人は、人格が低く見られるのです。

また、眉間にシワが寄ったり、口をとがらせるクセのある人も、終始笑顔の表情を作れるよう鏡を見て訓練しておくことです。もちろん、せかせかした動作なども禁物です。

3つ目の「社会的要素」ですが、立派な地位や肩書はなくても、さり気なく自分をアピールする方法はあるのです。

「小中高はピアノとヴァイオリンを習っていました」で良家のイメージを、「両親は教員をしていました」で真面目な家庭のイメージを、「家にはお手伝いさんがいました」で裕福なイメージも吹き込めますから、自己紹介の仕方も考えておくことです。

テクニック

49 単純接触で距離を縮める

コミュニケーション技法「単純接触効果」

人の五感は、対象物と**単純接触**を繰り返すほど、だんだん違和感がなくなり、好意的な受けとめ方をするようになることが、心理学の実験で知られています。

ＴＶやラジオ、新聞、雑誌で頻繁に出会うＣＭは、慣れてくるほど親近感をもつものです。人は、同じ情報に何度もふれると警戒心が薄れ、やがてリスクにも疎くなるのです（「**ザイアンスの第２法則**」（２３２頁）」）。

すると、スーパーに行った時には、さまざまな類似商品の中から、よく見知ったＣＭの商品を買ってしまいます。安心感が育まれているからなのです。

営業の現場では、上司が部下に「営業は足で稼ぐのが基本だぞ！」などと号令をかけています。見込み客のところには、何度でも足繁く通って注文を取れ――というわけですが、何度も訪問された相手には「悪いな」と思う「**返報性の原理**」もはたらくからです。

弱小企業の営業マンが、ライバルの大手企業を出し抜くためには、接触の質（内容）以上に、接触の量（回数）をふやすことこそが、一番重要だということなのです。

キャバクラ嬢と仲良くなって、店外デートに持ち込みたいなら、たまに店に行って長時間居座って口説くよりも、短い時間でもよいから、頻繁に会いに行くほうがよいのです。

上司に気に入られたければ、上司のところに頻繁にホウレンソウ（報告・連絡・相談）をしに行けばよいのです。行けば行くほど人事考課の評点も高くなります。

職場に好きな異性がいるならば、ちょくちょく用事を作って、異性のそばにできるだけ接近することをおすすめします。特別立ち入った話をする必要もないのです。

目と目が合ったら、会釈をするだけでも十分効果があります。

「よくお目にかかりますね」などと挨拶ができれば、オンの字でしょう。

こうして、頻度を上げて行くと、自然な形で会話が交わせるようにさえなるからです。

ちなみに、第一印象で極端に嫌われてしまうと逆効果になり、こうはいきません。

テクニック
50
価値観を共有して安心させる
コミュニケーション技法「共通項・類似性の原理」

「親密化過程（116頁）」の第3段階で見ていただいた通り、人は相手と出身地や趣味、好きな食べ物、興味の対象が同じだったり、類似していると嬉しくなって、一気に打ち解けます。似た者同士は、同じ仲間と認識するからなのです。

「共通項・類似性の原理」と呼ばれる現象ですが、相手に自分と似ている部分を見出すと、自分と価値観が同じであるかのように感じ、一気に安心し、親しみを覚えるのです。

好きなTV番組が一緒、好きな音楽が似た傾向、学生時代にやっていたスポーツが同じ、好みのお笑い芸人が共通、親の仕事が同業、兄弟姉妹の人数が一緒、誕生月が同じ……など何でもよく、共通する事柄や類似点は、多ければ多いほど人を嬉しくさせます。

当然のことですが、意中の相手のハートを撃ち抜きたいなら、相手との共通点や同類項を多くもつことが要になります。相手にどんどん質問し、傾向を探りましょう。

エッ？　福岡出身なの？
ボクは宮崎出身だよ！
同じ九州っ子だね！
そっかー
3人兄弟
というのも同じ
家庭環境だしー
なんか似てるねー♡

※共通項・類似性が多いほど親しみを覚える！

男「きみって、休みの日は何してるの？」
女「ショップを巡ってお洋服のお買い物とか、スイーツのお店に行くわよ」
男「洋服の買い物ねえ、オレと趣味が一緒だ。スイーツも大好きだよ。今度一緒に行こうよ」

このように同類項を積極的に確認します。「オレも同じ」「それって一緒だ」の要領です。

間違っても、本音で「うへーっ、洋服とスイーツかよ…。オレにはちょっとな…」などと言ってしまってはいけません。会話は盛り上がらず、萎《しぼ》んでしまうからです。

テクニック

51

お互いを補い合う関係になる

コミュニケーション技法「相補性の原理」

前項で解説の通り、お互いの共通項や類似性が数多く認識されるようになると「ウマが合う」という関係ができあがります。

お互いが「似た者同士」ということになると仲間意識が醸成されるのです。

しかし、だんだん付き合いが深まると、相手と自分との相違点も明らかになります。

たとえば、AとBという二人の関係において、Aは我慢強く温厚な性格だけれども、Bは短気で怒りっぽい性格――。

あるいは、CとDという二人の関係において、Cは自立的な性格だけれども、Dは、従属的な性格――。

このような違いが明瞭になってくると、お互いが相手にない部分を補うような形ができていくものです。これを「**親密化過程**（116頁）」では「**相補性の原理**」と呼んで、安定的な関係の第4段階に位置づけています。

初期の段階で、お互いの相違点が明瞭すぎると、「この人とは合わないな」となって、うまくいかなかったでしょうが、お互いの理解がすすんだ段階だと、相手の強みと自分の弱み、相手の弱みと自分の強みが、相互補完の関係に発展するわけです。

その結果、自分の弱みにコンプレックスを抱いていたことが軽減されたり、相手の弱みをカバーしてあげている自分への満足感が湧きあがり、非常に良好な関係へと昇華されるのです。容姿にコンプレックスをもっている男性が、とびっきりの美女を伴侶にしているケースでは、男性側に圧倒的な経済力があり、脆弱《ぜいじゃく》な美女はそれを頼りにしている場合も多いでしょう。男性側は美女を従えることで、自分の劣悪な容姿へのコンプレックスが軽減されているわけです。

このような「相補性の原理」を、相手との関係で作ってしまうには、「先生」と「生徒」といった役割関係を、早めに意識して構築することが大切でしょう。

パソコンが苦手な相手であれば、それを親切にカバーする行動をとってあげるとか、ファッションセンスに自信のない相手ならば、コーディネイトを買って出てあげるなどです。自分の強みと相手の弱みを、うまく噛み合わせれば、強固な関係が築けるのです。

テクニック

52

「実は……」と自己開示する

コミュニケーション技法「自己開示」

心理学の**「親密化過程**（116頁）」で、最も親密度の高いレベルに置かれているのが**「自己開示」**です。「自己開示」とは、自分のありのままの情報（感情・経験など）を、正直に相手に告げることを言います。自分の胸の内を告白するわけですから、親しくならないと深い内容には至りません。また、「自己開示」されたほうは、信頼されているからこそ話してくれたんだ――と相手を理解しますから、**「返報性の原理」**がはたらいて、同じように「自己開示」してくれるようにもなります。

ゆえに、「自己開示」をまったくしない人は、他人とのコミュニケーションもうまくいきません。相手と親密になる過程では、「自己開示」は欠かせないものだからです。

はじめは、趣味の話などから始まって、だんだんに深くなっていきます。知りあってすぐの相手に、深刻な悩みを打ち明けられたら、相手もドン引きだからです。段階を追って、お互いの「自己開示」の情報は、共有され深まっていくのです。

※「自己開示」は失敗談から入ると盛り上がる！

「自己開示」を行ううえで、注意すべきは、自慢や自己顕示にならないようにすることです。

むしろ、自分のちょっとした失敗談などから入るほうが、相手の共感も誘いやすく、「実は、ぼくも似たような失敗があったんですよ（笑）」といった相手からの自己開示も期待できます。

なお、「自己開示」に偽装して、自分にとって都合のよい、特定の印象を相手に伝えようとする人もいますから、騙されないよう注意が肝心です。これを、心理学では「自己開示」と呼ばず、**「自己呈示」**や**「印象操作」**と区別して呼びます。

テクニック
53
お願いすることで優越感をくすぐる
コミュニケーション技法「単純接触効果」と「返報性の原理」

お願い事は、よく知っている人に頼むほうが、承諾してもらえる確率が高くなります。知らない人には冷淡に扱われかねないので、断られる確率も高くなるわけです（**「ザイアンスの第1法則**（232頁）」）。

これが、一般的な常識というものですが、頼まれた人の心理を分析すると面白いことがわかります。知っている人からの頼み事を承諾してあげるのは、嫌われたくないからです。相手に対して何らかの好意をもっているからこそ、頼まれたことを引き受けるのです（**「チャルディーニの法則」**）。人からの頼み事は、面倒でもありますが、相手から信頼されていることの証でもあり、引き受けることで満足感も得られます。優越感をくすぐられるのです。

つまり、頼み事を引き受けてあげる心理は、相手に好意を返すことでもあり、ここでも**「返報性の原理」**がはたらいて、好意の返報を行っているのです。

意中の人に近づく時には、この心理作用を応用すべきです。

ちょっとした頼み事なら、無下《むげ》に断られる事もありません。

職場にいる片想いのあこがれの異性に対して、近づいて仲良くなるのには、もってこいの方法論なのです。「単純接触効果」のバージョンアップ版として使いましょう。

男性社員「えっと、すみません。鈴木さん、三角定規って持ってないでしょうか？」

女性社員「あ、はい。小さいですけど、これでいいですか？」

男性社員「ああ、それそれ、助かります。あのう、少し貸してもらってていいですか？」

女性社員「ええ、はい、どうぞ」

こんな要領で近づきます。女性社員は、ちょっとのお役に立つことでも嬉しいでしょう。

こうして、アプローチがうまくいったら、次の機会を見計らって、鉛筆削り器を借りたり、辞書を借りたりしていけばよいのです。そのうち、特定の男性社員に親切にしているのは、自分が好意をもっているからだという錯覚が、無意識に動機付けされるのです。

テクニック

54

ドキドキさせて意識させる

コミュニケーション技法「吊り橋効果」

好きな人ができると、その人のことばかり考え、相手を美化します（「**結晶作用**」）。

そして、その人のことを考えただけでもドキドキして心拍数が上がります。このドキドキ感は、何かの不安や恐怖の体験を味わうことでも感じられます。

不思議なことに、こんなドキドキ体験を異性のふたりが共有すると、不安や恐怖によるドキドキ感と、恋愛によるドキドキ感とを混同してしまう——ということが起こります。

これが有名な心理学理論の「**吊り橋効果**」というものです。

異性と二人で、揺れる吊り橋を渡っていると、不安や恐怖でドキドキします。

そのドキドキ感を、あたかも一緒にいる異性に対して、恋愛感情を抱いてドキドキしていると錯覚するわけです。

片想いの相手に、自分を異性として意識させ、注目させるのにもってこいの方法です。

不安や恐怖を、気になる異性と一緒に体験する場は、吊り橋以外にも沢山あります。

ジェットコースターでも、お化け屋敷でも、ホラー映画でも体験できます。

スリル満点のスポーツアトラクションや、断崖絶壁の環境、暗闇の閉鎖空間……など、いろいろです。怖さのあまり、手を握り合ったり、抱きついたりできれば最高です。

こんなところに、思いを寄せる異性と一緒に出かけるのです。

体験前には、大して意識していなかった異性同士でも、ドキドキ体験後には、お互いが魅力的に見えてきたりするから不思議です。女性だったら、男性を頼もしく思うでしょうし、男性だったら、女性を守るべき対象として意識しはじめることでしょう。

ただし、ドキドキ体験をしたからといって、必ずこうなると言うものではありません。

そういう傾向が強まることがある——というだけですから、ドキドキ体験を適宜継続させる努力も必要でしょう。

ドキドキ体験が冷めやらぬうちに、すぐにも愛の告白をするなど次のアクションをとったほうがよいのです。いずれにしろ、錯覚体験は長続きしないからです。

なお、初デートで、ラブストーリーの映画を見に行くカップルがいますが、映画が終わると現実に引き戻されるので、やめたほうが無難です。

テクニック 55

論理より感情に訴える

コミュニケーション技法「感情・フィーリング効果」

男性は論理的に物事を判断する――。女性は感情的に物事を判断する――。

よく言われる例えですが、どちらも正しくありません。

物事の判断には、論理的な説明も、感情的な説明も両方必要とされるからです。

しかし、論理的な説得は、「AはBよりコストがかかる。しかし、AはBより価格が安い。ところが、Cについて調べたら、Aほどコストがかからず、Bほど価格も高くない。よってCを選ぶのが合理的であるように思う」といった説明になりがちです。

シカツメらしく面倒臭い話のようにも聞こえます。

感情的な説得なら、こうなるでしょう。

「Cがいいですよ。AやBより売れてるみたいだし、人気があるのが一番ですよ」

フィーリング重視ですから、いち早く心に響きます。

感情に訴えるわけですから、「**喜・怒・哀・楽**」をストレートに刺激するのです。

※「論理」より「感情」がアピールする！

人間関係で、瞬時に相手の懐に飛び込みたい時には、感情的な説得のほうが受け入れやすいのです。

くどくど説明しても、相手の胸に響かなければ意味がありません。

意中の人に、自分をアピールする時には、論理的に「ぼくの出身大学は理科系だし、理科系出身者のほうが給与も高く、出世するというデータがありますよ」などと言うよりも、感情的に「オレと一緒に夢を追いかけない？」と言ったほうが説得効果をもつのです。

アピールするなら、まずは相手の感情をターゲットにすることです。

テクニック

56

禁止することで注意をひく

コミュニケーション技法「カリギュラ効果」

人には、好奇心があります。ゆえに、「見ちゃダメ」と言われれば余計に見たくなり、「やらないほうがいいよ」と言われると、余計に反発してやってみたくなります。

他人から何かを禁じられると、無性にやりたくなる心理は、**「カリギュラ効果」**と呼ばれます。名前の由来は、ローマ皇帝「カリギュラ」を描いた映画の上映が、内容が残酷すぎるとして、マサチューセッツ州ボストン市で禁止されたことによります。禁止されたことで余計に人気を集め、ボストン市民は隣の市まで観に行ったのだそうです。

きっと、次のような言葉をかけられた人も、同じような心理がはたらくことでしょう。

同僚男「中山さん、ここだけの話だけど、きみのためを思っていいこと教えておくよ」
同僚女「えっ？　私のため？　いったいなんですか？」
同僚男「営業の柴田って知ってるだろ？　アイツは、きみのことが好きなんだよ。だけ

ど、あの男は真面目そうに思われてるけど、相当な遊び人だよ。だから、アイツにコクられても、付き合っちゃ駄目だぜ。きみが可哀そうなことになるからね」

こんなことを言われると、今までまったく興味がなかった柴田という男性社員のことが、猛烈に気になってくるでしょう。

「真面目そうに思われてるけど相当な遊び人」とは、いったいどういう人なのか興味津々になります。だいたい、「遊び人」などと聞くと、遊ばれてみたい誘惑さえ生じるのです。

また、告白された場合に、付き合うかどうかは自分で決めることなのに、同僚からの禁止のセリフが、うざく聞こえます。なんで付き合っちゃいけないのよ——。

なにしろ、誰かに「好き」と言われたら、悪い気はしないのです。

こんな時に、柴田という男性社員から、実際に声をかけられたらどうなるでしょう。

答えは、簡単にデートに応じてしまうということなのです。

意中の人への告白の際は、事前に同僚に頼み込み、こんな形で、ひと芝居打ってもらうとよいのです。

テクニック

57

すでに嫌われてしまっている場合の裏ワザ

コミュニケーション技法「スリーパー効果」

「あなたみたいにチャラチャラしている人って大っ嫌いなの！」

「そばに寄ってこないでよ。嫌いって言ってるでしょ！」

片想いの女性から、こんなセリフを突きつけられた男性は悄然《しょうぜん》とします。

そして多くの男性は、「ちくしょう！」と心の中で悪態をついてあきらめるのです。

もはや、再起不能、絶体絶命の事態と悟るからです。

しかし、心理学の「スリーパー効果」を使うと、案外うまくいくものなのです。

しばしの休眠期間を何度か取りながら、繰り返しアプローチする方法です。

男「や、お久しぶりー（笑顔）。いつもキレイだねえ。今日の服装もキュートでいいね」
女「え…？　あら、やだ……あなたも来てたの………（絶句）」

＊　＊　＊

男「お、ご無沙汰ー（笑顔）。いつもホントに素敵だね。可愛くてキレイで。憧れてるよ」
女「あ……ら……お久し……、相変わらずお上手なのね……ほめたって駄目よ…」

＊　　＊　　＊

男「よう、また会ったね（笑顔）。素敵なコとは縁があるなあ。ねえ、メアド教えてよ」
女「あら、またなのー（笑）。メアドー？　冗談よしこさんでしょ、そんなの…」

＊　　＊　　＊

男「こんにちはー（笑顔）今日もキレイでホント可愛いいな。ね、メアドだけでも…」
女「あら、こんにちは。ふふふ（笑）。そんなに知りたいの？　じゃ、メアドだけね」

とまあ、こんな具合です。通常、説得効果が高まるのは、説得する人の信頼度が高いからです。たとえば、貧乏な人が金持ちになる方法を説いても信用されません。

ところが、時間の経過とともに「信頼度が低い人」という認識の記憶は薄らぎます。

その結果、相手が繰り返す内容（キレイ・メアド教えて）の信頼度だけが増していったということなのです。

テクニック

58

「これはホンモノだ！」と感心させる

コミュニケーション技法「熟知性の原理」

「はじめまして。お名前だけは伺ってましたよ。ぜひ、お目にかかりたいものだと…」

こんな挨拶を交わす場面がありますが、ほとんどの場合、外交辞令でしょう。

本当に会いたいと思っていたなら、八方手を尽くして会う機会を作っていたはずです。

それに、名刺を交換してから、名前は知っていた――などと臆面もなく言うのですから、嘘っぽくて笑えてしまうセリフなのです。

相手とはじめて会う場面は、**「初頭効果」**がはたらくので、非常に重要です。

しかも、わずか数秒で好き嫌いの印象が決まるからです（**「ワンクラップの法則」**）。

相手のハートを撃ち抜いて好印象を残すためには、ここでもうひと工夫ほしいのです。

当方「はじめまして。野村です。杉山さんのお名前はかねがね存じてました。ぜひ、お目にかかりたいと願ってました。今日はお会いできて嬉しいです」

山田さんてK大のラグビー部でご活躍でしたよね？
わたしよく存じ上げてますよ！
えへー？よくご存じでー
嬉しいなっと…

※事前に相手の情報を仕入れておくと
初対面とは思えない効果が！

先方「いやいや…、悪名がとどろいてましたか（笑）。よろしくお願いします」
当方「杉山さんは英国滞在のご経験もあり、ガーデニングのプロとか…」
先方「おっ（破顔）、よくご存じで…。いやあ、下手の横好きなんですけどね…（嬉）」

自分のことを本当に知られている——と感じれば嬉しくなります。承認欲求が満たされ、**「熟知性の原理」**がはたらき、初対面とは思えなくなるのです。

事前に相手の情報をできるだけ仕込んでおくことです。

テクニック

59

相談に乗ることで依存心理を深める

コミュニケーション技法「アイ・メッセージによる共感」

女性の恋の悩みを聞いてあげる男性は、その女性と恋に落ちやすい――というのは、本当です。意中の女性が誰かと交際中なら、どんなデートをしているのか、彼のどんなところがステキなのか、喜んで聞いてあげるべきなのです。

ちくしょう、この女の彼氏はうまいことやりやがって――などと嫉妬に狂ってはいけません。あくまでも、彼氏のことをほめてあげましょう。

すごくいい人だね――。完璧な彼氏だ――。うらやましいね――。最高じゃん――。

すると、女性はあなたに彼氏のことを話すのが楽しくなります。

楽しく話すようになってくれれば、十中八九うまくいったも同然です。

あなたのことを信頼してくれている証だからです。

しかし、完璧な女も、完璧な男も、この世の中には存在しないのです。

やがて、女性は彼氏のことで、必ずあなたに相談するようになるでしょう。

彼氏と同じ男性のあなたから、彼氏の男性心理をアドバイスしてほしいからです。

そこで、調子に乗って、彼氏を批判するようなことを言っては身も蓋もありません。

じっくり、誠実に、ひたすら女性からの彼氏に対する悩みを聞いてあげることです。

「それは、（ぼくも）悲しいな」「そうか、（ぼくも）そう思うよ」「ぼくなら、こうするよ」と、「アイ（I）メッセージ」で共感してあげるだけでよいのです。

「アイ（I）メッセージ」とは、「ユー（YOU）メッセージ」の「きみは考えすぎだよ」「きみの対応が悪い」などの、相手（ＹＯＵ）を主語にした言葉を使わずに、「（ぼくは）いいと思うよ」「（ぼくなら）嬉しいけどな」などの自分を主語にした言い方です。

自分の考えを述べて共感してあげるだけなので、実際の対応は相手に委《ゆだ》ねられます。

「（きみは）こうすべきだよ」などといった押し付けがましさを消すことができるのです。

こういったフォローの仕方で、悩みを聞いてあげていると、劇的な変化が起こります。

不思議なことに、あなたのほうが、彼氏より自立した人間に見えてくるのです。

あなたを頼りに相談し、彼氏と比較するほど、女性はあなたへの依存心理を深めます。

いつのまにか彼氏より、あなたのほうが最優先に思い浮かべられる存在になるのです。

テクニック

60

ネガティブ・コンテンツ連合を組む

コミュニケーション技法「ネガティブ・コンテンツの共有化」

「敵の敵は味方」という言葉がありますが、共通の敵がいるほど、結束は強くなるものです。結束を図るためには、共通の敵が不可欠の存在であり、手っ取り早いのです。

経済成長著しい中国では、腐敗した共産党政権が、人民からの不満や批判の矛先が自らに向かわないよう、愛国主義教育と称する反日教育をえんえんと行っています。

日本人は中国に侵略し中国人を虫けらのように殺しまくった——などと教え込んで、憎悪すべき対象を日本に絞ることで結束させ、自分たちの不都合から目を逸らさせたいわけです。このように、仮想敵を作って結束を図ることは、不都合な事実があっても、そこに目が届きにくくなる効果も併せもっています。

悪いのはアイツだ——と指弾する対象があれば、周囲の多少の不都合には目をつぶってしまうでしょう。

意中の相手と仲良くなりたい時にも、共通の敵を作ることでうまくいく場合があります。もちろん、特定の人物を仮想敵にしてもよいのですが、職場での人間関係は、所属や役職も流動的なので、人物を標的にするのは避けたほうが無難です。

人間関係の立ち位置はニュートラルのまま、仮想敵を作るには、**「ネガティブ・コンテンツ」**を利用すればよいのです。

たとえば、「アルコールが飲めないため宴席が苦痛」「英語が苦手」「パソコンが不得意」「カラオケが下手」「学歴が三流」「離婚経験がある」「シングルマザーなので苦労している」「生え抜きでなく転職組」「自宅が遠方で深夜までの残業ができない」「業績評価が低い」「出世が遅れている」「左遷された」「若いのに禿げている」……などいろいろあるでしょう。

こうしたネガティブな部分を意識し合えれば、容易に**「傷の舐め合い関係」**も構築できるのです。仮想敵は、いわばネガティブな部分をもたない人たちが対象なのです。

名付けるなら「ネガティブ・コンテンツ連合」です。

お互いのコンプレックスを理解し合うことで、助け合い精神が発揮できれば強いことこのうえない関係ができるのです。

テクニック

61

ボディタッチで親密度を深める

コミュニケーション技法「パーソナルスペースへの侵入法」

男性に人気のある女性には、一定の特徴があります。

◎いつも男性にニコニコした笑顔を見せてくれる人
◎気軽に男性のパーソナルスペースに入り、ボディタッチをする人
◎男性を男性として立て、敬う姿勢で接する人

実に単純なのです。男性は、女性からニコニコされると自分に気があると思います。
男性は、女性から接近され、腕などに軽く触れられただけでもドキッとします。
そして、ちゃんと男を格上の存在として扱ってもらうと、自尊心が満たされるのです。
要するに、男性は、自分になついてくれるペットの犬のような女性が好きなのです。
男性同士だと、妙な警戒心をかき立てられて不快になるボディタッチでも、女性からだ

あーら、やだー
山田さんたらー♡
ペシ！
ペシ！
にゃぐ〜〜〜っ！
むひょー♡

※男性は女性からのボディタッチに弱い！

と嬉しくなるのです。

なお、**パーソナルスペース**とは、自分の縄張りスペースのことで、他人に侵入されると不快感を生じる範囲のことです。

親しい人なら、そのスペースは狭く、片手が届くぐらいでしょうが、見知らぬ人なら、その倍以上でしょう。相手によほど嫌われていないことが条件ですが、適度なボディタッチは、男女二人の親密度を一気に高めることが心理学の実験でも知られています。キャバクラなどのホステス嬢も、必ずお客と並んで座ります。物理的距離が近いほど、男女は親密になりやすいのです（「**ボッサードの法則**」）。

テクニック62

暗示誘導して「予言者」になる

コミュニケーション技法「バーナム効果」

男性でも女性でも、占い好き、オカルト好き、スピリチュアル（霊性・霊能）好きの人はいるものです。これらに傾倒してしまう人は、心理学的には、自己肯定感が低く、自分に自信をもっていない人が多いと言われます。はまると依存しやすいタイプなのです。

こうした神秘的な装いのものに接すると、もしかしたらこれが真実を解き明かしてくれるものなのかもしれない――などと思うのは、バイアスがかかりやすい性格だからです。

ゆえに、暗示誘導されやすくなります。被暗示性が高い人たちなのです。

世の中には、よく当たると言われる占い師や、スピリチュアル術師がいます。

彼らに共通するのは、他人の心理誘導がうまいことです。

「バーナム効果」（フォアラー効果とも言います）を使うことで、お客に当たっていると思わせるテクニックに長けているのです。

人の悩みは、大別すると「お金の悩み」「人間関係の悩み」「健康上の悩み」「将来の悩み」など、3つか、4つに分けられる程度のことしかありません。

お客が来たら、厳粛な儀式（生年月日を調べたり、祈祷《きとう》するなど）をもっともらしく行ったうえで、「あなたは孤独ですね」とか「人生の選択に迷っていますね」などと、誰にでも当てはまるご託宣を述べるわけですが、この言い方がうまいのです。

ポイントは、この時、目の前にいるお客だけに該当するように言うことなのです。

ご託宣の前に儀式を行うのは、目の前のお客のためだけの作業に集中していると思わせ、信憑性を高めるだけのことなのです。

「あなたの心は複雑ですね」「とても悩んでいますね」などと言われて、当たっている――などと思って動揺し、自分のほうからいろいろな情報を相手に差し出してしまい、まんまと術中に落ちて、いいように騙されるのです。

この原理を知ったうえで、片想いの人が困った顔をしていたら、切り出しましょう。

「実はぼく、子供の頃から、霊感が強くて、将来起こることが大体予見できるんです」

相手が乗ってきたら、もっともらしく明るい未来を予見してあげましょう。

すると、あなたとの関係が劇的に変化して、きっと望み通りの展開になるはずです。

テクニック

63

「自分を理解してくれる人」と思わせる

コミュニケーション技法「クライマックスとアンチクライマックスの話法」

合コンなどでの男女の会話を見ていると、男女に話し方の違いがあるのがわかります。

女「あたしの場合、冬はスノボをやるんですけど…、スノボとかってやります？」
男「あ、オレ、スキーは少し経験あるけど、スノボは未経験。あれって難しいんだよね？」
女「あたし、スノボから始めたから、わかんないけど、そう指摘する人は多いですね」
男「へー、すごいね。スノボから始めたのかー？　勇気あるねえ」
女「あたし、実は、スノボの大会にも何度か出場したことあるんですよー（自慢）」

女性は、スノボの大会に出たことを話したくて、スノボの話題を振ったのでした。

男「オレ、トライアスロンやってて、大会でベストテンに入ったことあるよ（自慢）」

女「わ、トライアスロンですかー。すごーい。じゃ、ふだんから鍛えてるんですかあ？」
男「鍛えてるよー。ほら、ちょっと腕の筋肉触ってみてよ、カッチカチやでー」

この対比では、少しわかりにくいかもしれませんが、女性の場合は、男性の様子を窺いながら、少しずつスノボ大会出場の話題にもっていき、いっぽうで男性の場合は、冒頭から自慢したい話題をどーんとぶつけていったことがわかります。

女性は、このように結論をアトのほうにもっていく正攻法の話し方「**クライマックス法**」を使うことが多く、男性はズバリ結論から入る「**アンチクライマックス法**」を使うことが多いのです。男性は女性の話をじっくり辛抱強く聞くべきことがわかります。

クライマックス法というのは、「起・承・転・結」と話題がすすむので、せっかちな聞き手の中には、すぐに興味がわかないと判断して、相手の話題を自分の話題に横取りしたりしがちですが、これだと、相手に与える印象は最悪になります。

相手の話題の着地点が見えない時は、「聞き上手」に徹することが、一番の対処法なのです。なお、職場で上司に報告する時などは「**アンチクライマックス法**」がベストです。

テクニック 64

「また会いたい」と思わせる技術

コミュニケーション技法「ゼイガルニク効果」

会話がだらけて退屈になってきた時に、いきなり盛り上げる特効薬があります。

女「ふーん。そうなんだー。なんだかなあー、世の中ってそうなのかもねー…（退屈）」
男「あ、そうそう、大事なこと思い出しちゃった。これをきみに伝えとかないと…」
女「え？　なーに？　大事なことって？　あたしにとって大事なの？　ねえ、なに？」
男「あ、いーや、今日はやめておこう。今度会った時に話すよ。とっておきの話だから」
女「え？　ええー？　やだーそんなのー。今言ってよ。なになに？　教えてー（哀願）」

急に女性が注目度を上げたのは、男性が話題を出し惜しみ、中断したからです。
このように、これから盛り上がると期待させてから中断されると、続きが聞きたくてウズウズさせられます。

※「ゼイガルニク効果」で「また会いたい」と思わせる！

心理学で**「ゼイガルニク効果」**と呼ばれる現象です。連続ＴＶドラマや、連載漫画などは、盛り上がったところで中断し、「次回に続く」となるのでおなじみでしょう。そのぶん、記憶に残りやすくなるのです。デートや合コンでも使えます。

話が盛り上がったところで、「急用ができて帰らなければ」と言うと、相手は名残り惜しくなります。次回のデートの約束も、メアドの交換もスムーズにいくというわけです。

恋に焦りは禁物なのです。

「また会いたい」と思わせれば、相手に依存心理が芽生えるのです。

テクニック

65

「常識的な判断」でひと押しする

コミュニケーション技法「アンビバレンツ効果」

あまり意識したことはないでしょうが、人間の脳は、常に「好きか・嫌いか」で物事を判断しています。「潜在意識」あるいは「深層心理」「無意識」などと呼ばれる本能の領域が、自動的に判断を司っているからです。

ゆえに、嫌いなことをするのは気がすすみません。ストレスを感じるだけだからです。

また、人は**「アンビバレンツ**（両面感情）**」**をもつ場合もあります。「好きだけど嫌い」「尊敬しているけど軽蔑もしている」「優越感もあるけど劣等感もある」「可愛いいけどイジめたい」……こんな思いが行動に現れる場合もあるのです。

両面感情は、心の安定を損ないます。

自分でも、どうしようもない困惑とジレンマに陥るからです。心を安定させるには、どちらかを選択すべきなのですが、判断がつきにくい状態なのです。

心が正常な人でも、多かれ少なかれ、こんな感情はあります。

意中の相手が、こんな両面感情をもっている場合、相手のハートを撃ち抜くのはカンタンです。常識的な判断を下すように仕向けるのには、ひとこと**「常識的な判断」**での言葉で背中を押してやることです。混乱している心は、暗示誘導でバランスを取り戻せます。

すると、常識的判断のほうに心が傾き、次第に安定していくからです。

エコひいきばかりして、こちらを不当に差別してくる人には、「あなたは、公平な人だから信頼していますよ」と言って、不公平がバレていないことを偽装し、公平性重視の姿勢を伝えましょう。

「オレはゴマスリが大嫌いな人間だから、オレには、おべっかを使うなよ」などと宣言している人には、「そういう潔いところが尊敬できます。でも、たまには上司におべっかを使ったほうがいいと思いますよ」などと巧妙におべっかを使ってあげると、自分の中でもてあましていた感情が、いっぽうに傾いて落ち着きます。

「あたしのことが好きなのか、嫌いなのかはっきりしてよ」などと無理に迫ると、「嫌いだよ」などと反発されかねませんから、「あなたがあたしのことを好きだから、あたしもあなたが好きなのよ」などと常識的に返すと、相手は心の安定を取り戻せるのです。

テクニック 66

反対・障害を作って「錯覚」を生じさせる

コミュニケーション技法「ロミオとジュリエット効果」

人は、**「錯覚」**の生き物です。誰かのことを「ステキ！」と感じて好きになるのも、**「ハロー効果」**の「錯覚」の成せる業であることは、すでに解説した通りです。

また、お互いが「ステキ」と思っている交際においても、大いなる「錯覚」がはたらくことがよくあります。

交際そのものを、誰かに邪魔されたり、反対されたり、何かの障害で断ち切られそうになった場合、二人がそれに立ち向かっていこうとする時に「錯覚」が生じるのです。

W不倫のカップルが結ばれるためには、それぞれが自分の家族を切り捨てる必要があるでしょう。よって周囲からも、不倫カップルの交際は、大反対を受けるはずです。

しかし、こういう時こそ、カップルの絆がかえって深まり、恋の炎が燃え上がります。

障害を乗り越えよう、はねのけよう——と自分たちが頑張っているのは、お互いを愛し合っているからに違いない——という心理がはたらくからなのです。

もちろん、これも「錯覚」です。

その証拠に、それぞれの家族を捨てて晴れて結ばれた二人は、反対や障害がなくなったとたんに、意外にも別れてしまうケースがざらにあるからです。

あんなに燃え上がり、愛を貫き通していたのに、あっけらかんと冷めてしまうのです。大いなる「錯覚」だったからこそ、冷静になると、「何でこんな人のことを愛しちゃってたのかしらん？」とお互いの欠点などもよく見えてきて、鼻白んで別れるのです。

この現象は、シェークスピアの有名な戯曲にちなんで**「ロミオとジュリエット効果」**と呼ばれています。カップルは、交際に反対されたり、妨害されたりすると燃え上がりやすいのです。これを、利用してみてはいかがでしょうか。

「友達以上恋人未満」のカップルならば、周囲のサクラに協力してもらうとよいのです。「きみたちはまだ学生だろ、付き合うのは早い」「性格が違いすぎる」「家庭環境が違うから別れたほうがいい」とか何とか吹き込んでもらうのです。

それに対して「オレはそんなこと気にしないぜ。きみのこと好きなんだから」などと表明すれば、相手も「あたしだって」と燃え上がってくれるかもしれません。

テクニック

67 風評効果を利用する

コミュニケーション技法「権威によるハロー効果」

もし、ぜひとも近づきたいと願っている意中の人が、あなたのことを軽んじていたとします。あなたはどんな手立てで近づけばよいのでしょうか。

まず、なぜに相手はあなたを軽んじているか――を考えてみる必要があるでしょう。

①あなたと仲良くなっても得るものがない――。
②何らかの理由であなたのことが嫌いだ――。

一般的には、こんな二つの理由が考えられます。

何らのプロフィット（利益）も得られないなら、仲良くなったって無意味だと考える合理主義者はいますし、また、嫌いな人物は、会っても楽しくありません。

こうした感情を一気に逆転させるには、「ハロー効果」のひとつでもある「権威」の力

※「専門家効果」を使って権威を創り出す！

を使うことをおすすめします。

他人を軽んじる人は、もとより権威に弱い人だからです。

それを逆手に取ればよいのです。

権威とは、**「肩書効果」**にすぎないものです。高い権威があっても、人格、性癖などが素晴らしいわけではないのに「ハロー効果」で幻惑されるのです。

近づくためには、**「専門家効果」**を使いましょう。

誰かに頼んで、あなたを「彼は○○の専門家」と吹き込んでもらえばよいのです。

相手が自分の不得意分野の専門家とあれば、一目も二目も置くでしょう。

第4章

自分のペースに乗せて相手を丸め込む

テクニック
68
こちらへの好奇心を刺激して相手を丸め込む
説得の技法「ピークテクニック」

「ピーク（pique）テクニック」と呼ばれる心理学の手法があります。

ピークとは、「好奇心をそそる・刺激する」といった意味ですが、相手がこちらに無関心な時に使うと有効なテクニックです。

「こんにちは。本日は新製品のご紹介に伺いました」などと挨拶すると、「今忙しいからいいよ。うちは間に合ってるから」などと言われてケンもホロロに追い返されます。

「こんにちは。今日はびっくり仰天のシロモノを特別に持参しましたよ」などと言えば、相手の反応も違ってくるでしょう。

ちょっと言い方を変えるだけで、印象というものは変わります。

「え？　何だろう？」「おや？」「何それ？」……と相手に好奇心を抱かせることで、門前払いされることも少なくなるわけです。

広告のキャッチコピーには、この「ピークテクニック」が至るところに使われています。

「私が東大に合格した理由」と言わずに、「なんで私が東大に？（某予備校）」。
「転職相談はこちら」と言わずに、「あなたは今の年収に満足ですか？（某転職会社）」。
「高齢者の医療保険」と言わずに、「60歳でも月々３千円の医療保険！（某生保会社）」。

すでに、「あれれ？」と思わせて、注目を集める手法として、「認知的不協和」の状態を作ること――を紹介しましたが（80頁）、非常によく似たテクニックなのです。

「勉強なんかすればするほど馬鹿になるぞ！」と教師が言えば、生徒の頭にはハテナマークが並びます。「勉強をするんじゃない！　考える力をつけるんだ」で腑に落ちます。

「ピークテクニック」は、これと同様に、意表を衝く事が大切なのです。

午後1時から始めるミーティングへの遅刻者が多い職場なら、議長はあらかじめ「午後12時55分ちょうどから始めます」と伝えておきましょう。

出席予定者は「え？　何で55分？」と注意喚起されて、遅刻者は激減するはずです。

テクニック 69

不安をあおって相手を丸め込む

説得の技法「フィア・アピール」

生きている限り、不安や恐怖の心理と無縁ではいられません。「もし大地震が起きたら」「もしガン宣告されたら」「もし会社をリストラされたら」などです。考えはじめると、みるみるうちに、あれこれ心配の種はつきなくなるでしょう。

世の中には、こうした不安心理につけ込んだ悪徳商法の類が沢山あります。「床下の無料点検」をさせると、床下から出てきた作業員が、「奥さん大変、白アリが巣くってるよ、これが今捕まえた白アリ」と言い、小瓶に入った白アリを見せます。「屋根の無料点検」をさせると、屋根から下りてきた作業員に、「奥さん大変、屋根が劣化して雨が浸み込んでるよ。このままだと家が腐るよ」とか言われます。

そして、「ただいま、格安で修理を請け負ってますから」などと、契約書にサインさせられるのです。

もちろん、こんな飛び込みの訪問販売による契約は、「特定商取引法」で、8日以内な

キミ！ワシに逆らってばかりだけど…
居場所がなくなっても知らんぞ…
ぞぞ〜〜〜〜っ！
※「フィア・アピール」は、ホドホドが効く！

らクーリングオフできます。

しかし、工事を行ってからのクーリングオフだと、現状回復工事の際、仕返しで何をされるかわかりません。

このような手法を**「フィア（fear）・アピール」**と呼びます。フィアは、不安とか恐怖の意味で、世の中の広告事例にも沢山使われます。保険では「万一の時、ご家族を守れますか？」、清涼剤では「あなたの口臭ホントに大丈夫？」などです。

フィア・アピールは、脅かしすぎると相手を不快にさせます。「命令に逆らうとクビだぞ」ではなく、柔らかく「居場所がなくなるよ」のほうが効きます。

テクニック 70

ターゲットを定めて「極小のお願い」をする

説得の技法「リンゲルマン効果と極小依頼」

街頭で「共同募金にご協力くださーい！」とか、「○○反対のご署名をお願いしまーす」などと呼びかけられても、多くの人は足早に通り過ぎます。

協力してあげようかな——と思っても、何だかなあ…という気にもさせるからです。

正面からの正攻法のお願いだと、いろいろな意味で抵抗値が上がります。

何だか照れくさい…、3日前にも協力したのに今日もだとちょっと……などです。

面倒くさい——といった心理だけでなく、通行人全員に向けてアピールされていますから、誰かが協力するだろう——という心理もはたらきます。

みんなで綱引きする時、自分ひとりぐらい力を抜いても大丈夫——という心理です。

議員の数が多いと、「どうせ選挙民にはわからない」となる心理と一緒です。

このような「社会的手抜き現象」のことを、心理学では**「リンゲルマン効果」**と呼んでいます。自分以外の誰かがやるだろう——という無責任になる心理です。

多くの人が目撃している状況で、公然と暴力的犯罪が行われても、誰も止めに入らなかった、警察に通報しなかった——といった事件が、実際世界のあちこちで起きています（**「傍観者効果」**）。

もし、自分が被害者だったら——と考えただけでも、怖い話でしょう。

そんな時は「そこの青いセーターのあなたと、隣の傘を持ってるあなた。強そうな若者二人なんだから止めに入ってください」などと指名してあげることです。

ターゲットを絞られると有無を言えなくなるからです。

街角で共同募金したり、署名活動する時にもこう言うとよいでしょう。

「眼鏡のやさしそうなおじちゃん。お願いします」「帽子が素敵な奥さん、お願いします」

そして、さらに効果的なひと言を付け加えましょう。

「10円でもいいですから！」「10秒ぐらいで、お名前を書いていただくだけですから」

このように**「極小のお願い」**を付加されると「それぐらいなら」と協力してくれます。

街頭でナンパするなら、「ほんの2分33秒だけ、ぼくとお茶してよ」などと頼みます。

「アレ？」と思わせるピークテクニックと、「極小のお願い」で効率も上がるはずです。

テクニック

71

アンケート調査をうまく操作する

説得の技法「細分化と統合化のテクニック」

次は、ある会社で総務課長を務めているあなたと、ワンマン社長との会話です。

社　長「きみ、社員旅行でもやったら盛り上がるんじゃないかと思うんだが、どうかね？」
あなた「社長、私は賛成です。しかし、社員はたぶん7～8割が反対するかと……」
社　長「ふむ。じゃ、きみが社員の総意をまとめて、実施する方向にもっていってくれ」
あなた「えっ？（汗）……わ、わたしがですか？」
社　長「そうだよ。きみのほかに誰がいる。きみが、みんなをその気にさせるんだ」

困った事態なのですが大丈夫です。こんな時には、アンケート調査が役に立ちます。
まず、社員旅行についてストレートに「賛成か反対か」などと尋ねてはいけません。
反対だらけになるからです。社員の「意識調査」の一項目に紛れ込ませます。

たとえば、「社員食堂のメニューについて」だとか「フレックスタイム制の実施について」だとかの質問に並べて、「社員旅行について」の設問を入れるのです。その時、注意したいのは、好条件を並べてやることです。すると以下のような結果が出ることでしょう。

①社員旅行に参加したい……………………………………………17%
②行き先が海外だったら社員旅行に参加したい…………15%
③土日祝日をつぶさず平日の社員旅行なら参加したい……22%
④特別有給休暇支給の社員旅行なら参加したい…………11%
⑤社員旅行に参加したくない………………………………………35%

よい条件を付随させると、社員旅行に行きたい人が一気に65%まで増えるのです。

これが好条件を「**細分化**」して並べるテクニックです。発表する時には、この結果を「**統合化**」します。そして、「希望者が65%だったので実施します」とやればよいのです。

テクニック

72

「コレ、よかったらどうぞ」の小ワザで丸め込む

コミュニケーション技法「返報性の原理」

外出や出張の多い営業マンは、内勤の女性事務員を味方につけておく必要があります。なぜなら、自分が外出して社にいない時は、電話一本で社内にいる女性事務員に何かと仕事を頼まなければならないからです。

女性事務員に嫌われている営業マンだと、次のようなことにもなりかねません。

営業マン「松本さん。申し訳ないんだけど、ぼくが担当しているA社の今月分の請求額が現在いくらになっているか、集計データを確認してくれないかな？」

女性事務「今、忙しいから、あとにしてもらえます？　午後にでも改めて電話ください」

営業マン「あ、あの……（汗）、い…いま、見てほしいんだけど、た、頼むよ…（狼狽）」

女性事務「今、手が離せないんですってば…。とにかく午後にしてください（ガチャ！）」

簡単にイヤガラセされてしまいます。困った女性事務員なのです。

こんなことにならないためには、心理学の**「返報性の原理」**を日頃から巧みに活用することです。返報性の原理とは、相手に「貸し」を作っておくと、相手は「借り」があると思う心理です。こちらが好意を示せば、相手も好意で返す心の作用です。

外出先や出張先から帰ったら、「コレ、よかったらどうぞ」と女性事務員には、お菓子や小物のお土産を、ほんのちょっぴりだけでもプレゼントしておきましょう。これだけで、相手は「いつも悪いな」と、深層心理に刻み、依頼を断れなくなるのです。

テクニック

73

「ナンバーワン効果」で相手を丸め込む

コミュニケーション技法「ナンバーワン効果」

ケーキ屋さんのショーケースの中に、「人気ナンバーワンのスイーツはコレ！」などと書かれたPOPを目にすると、思わずその商品に目が釘付《くぎづ》けになります。

「昨年度・売上ナンバーワン」「累計販売数ナンバーワン」「お客様支持率ナンバーワン」

このように、「ナンバーワン」という言葉は、至るところで使われています。

「ナンバーワン」という響きには、注目度を上げ、記憶に残る効果が、たしかにあるからなのです。

よくよく見ると、小さな添え書きで「○○地区○×月度」などと、地域や規模をかなり限定したケースであったりもします。

しかし、それでもやはり、「ナンバーワン」の輝きは、燦然《さんぜん》と光を放っているのです。

「ナンバーワンを目指します！」という、単なる目標宣言の言葉であってさえ、「おっ！スゴイじゃん！」という効果があるのです。

この「ナンバーワン効果」は、企業や商品のアピールに使うばかりでなく、職場の人間関係を円滑にするうえにおいても生かせます。

「小野寺さんは、気配り人間ナンバーワンだね！」
「宮本くんは、パソコン入力ナンバーワンだ！」
「行動力ナンバーワンの奥山くん！　ひとつ頼むよ！」

なぜか、「ナンバーワン」と言われると、誇らしくなり、張りきってしまうのです。ダントツという評価が、自分はチャンピオンという気位を保たせ、高揚させるからでしょう。

なお、「残念ながら第2位に終わってしまいました！」というアピールも裏ワザとして使えます。「ナンバーワン」になろうと努力したけれども、届かなかった無念が伝わってくるからです。

「なぜだろう」と、負けた理由を知りたくさせて、判官《ほうがん》びいきの応援も期待できます。

テクニック

74

「あなたは○○ですね」と評価を定めて相手を丸め込む

行動習慣の是正「ラベリング効果」

前項の「ナンバーワン効果」は、結果に焦点を当てることで、注目度を上げたり、相手の気分を高揚させる効果がありました。

この項では、今はそうでもないけれど、きっとそうなる、そうに違いない――という確信を伝えることで、相手をその方向に誘導するテクニックについてお伝えしていきます。

すでに**「ピグマリオン効果」**(54頁)のところで説明しましたが、人は期待をかけられると、期待を裏切らないように行動する傾向があります。

ちなみに、その反対で、期待しない態度を見せて、いつも「馬鹿だな、お前は」などと駄目出しばかりしていると、その通りのダメ人間になるのを**「ゴーレム効果」**と言います。こちらの思い通りの人間にしていくためには、期待をかけるほうがよいのです。

相手をこちらの思惑通りに誘導するのに手っ取り早いのは、相手にそれにふさわしいレッテルを貼ってしまうことでしょう。**「ラベリング効果」**という方法です。

たとえば、料理の下手な奥さんには、こう言い続けると、だんだん上手になります。

「きみの作る料理は、いつもおいしいね。毎日楽しみだよ」

仕事のできない、冴えない部下には、少しよくできた時にすかさずこう言いましょう。

「お、きみは仕事が早いな。内容もいいねえ。この調子でガンガン頼むぞ」

グータラな亭主を調教していく場合なら、少しずつレッテルの水準を上げましょう。

「あら、食べ終わった食器、流し台に運んでくれたのね。うれしいわあ、その気配りが」
「あら、流し台に食器を運んで、水に浸けてくれたのね。助かるわあ、行き届いてて」
「あら、いくつかの食器を洗ってくれたのね。すごーい。大感激だわ。いい旦那だなあ」

テクニック

75

「それは無理です！」「できません！」とあえて断る

思考・イメージの操作「拒絶呈示」

営業やセールスに携わる人は、お客の要求に対して、従順かつ忠実すぎます。「お客さまは神様」「顧客満足度の最大化を図る」などといったスローガンに毒されていますから、お客のわがままに振り回されて、ヘトヘトになってしまいがちなのです。

いつも平身低頭で、お客の言いなりになっていると、お客は増長します。駄目元で言ってみただけなのに、思った以上に値引きしてくれた——こんな経験が、お客をわがままにさせるのです。

一生懸命サービスに努めれば、お客は感謝してくれると思いがちですが、逆なのです。言いなりになってくれる人は、軽んじられます。人格を落とす結果になるだけです。

お客は、プライドのない営業マンを見て、「うちで断られると、他にアテがなくて困るんだな。売れない商品を売るのも大変だ。アフターサービス万全なんて言ってるけど、この営業マン自身がすぐ辞めちゃうんじゃないのかな」などと思います。

（消費者の購買決定心理）

AIDMAの法則

1．Attention（注意）……………………認知段階
2．Interest（関心・興味）
3．Desire（欲望）　　　　　　　　　}…………感情段階
4．Memory（記憶）
5．Action（行動）……………………行動段階

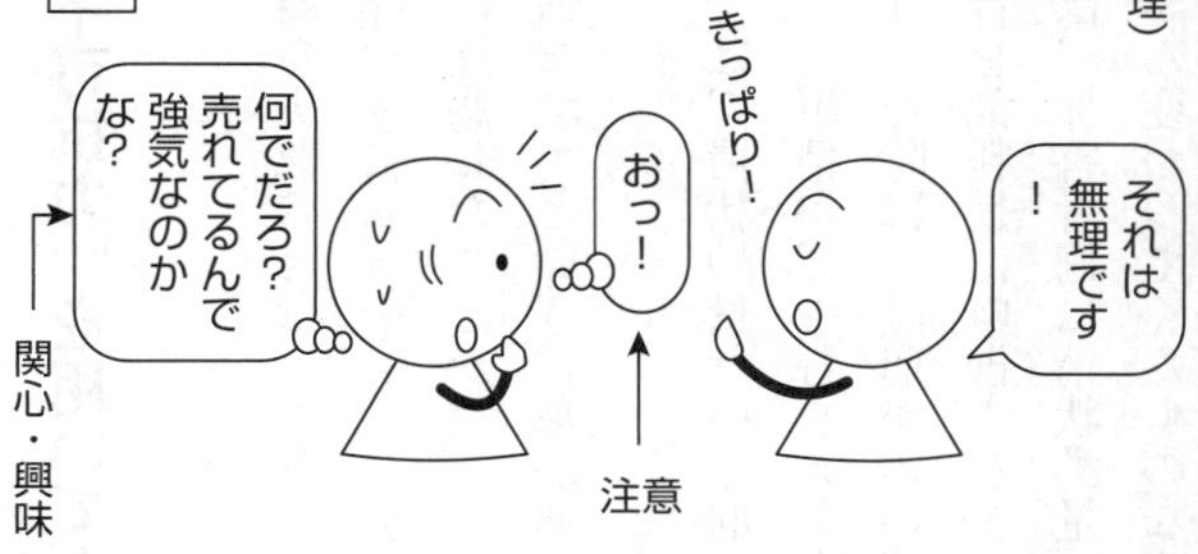
それは無理です！
きっぱり！
おっ！
何でだろ？売れてるんで強気なのかな？
注意
関心・興味

お客に従わず、**「それは無理ですね」「できません」「必要がなければ買っていただかなくて結構です」**などと言われると、お客は自信のある営業マンの姿勢に目を見張ります。お客に対して、正直に真摯な態度で臨んでいると思えるからです。誠実な人格を感じさせます。

お客は、正直な人・優秀な人から、価値があり、売れている商品を買いたいのです。

購買心理プロセスは**「アイドマ（AIDMA）の法則」**がよく知られています。

「それは無理です」と断られると、お客は「何で？」と注意喚起され、興味が湧きます。

テクニック
76
「嘘の不可抗力」を用いて丸め込む

思考・イメージの操作「不可抗力呈示」

他人の不当な行為や失敗のとばっちりで、迷惑や被害を被った人は、怒りがこみ上げます。通り一遍のお詫びを言われても、心の中で許す気持ちにならなければ、「あの野郎のおかげで、どれだけ迷惑したことか」――と、いつまでも恨みに思うのです。

「罪を憎んで人を憎まず」という言葉がありますが、たいていの人は、その人の存在そのものを憎むのです。

刑事事件の裁判では、情状酌量という刑の軽減事由が認められています。

罪を犯すにいたった事情が、やむをえなかったり、同情すべきものだったり、反省の度合いが顕著だったりした時に、減刑が言い渡されます。被害者なのに加害者に同情して、重い刑を望まない旨を裁判長に申告するケースだってあります。

被害に遭った人は、加害者側に情状酌量の余地があるかないかで、心のもちようも、あとあとまで、ずいぶん変わってくるものなのです。

ましてや、加害者の不当と思われた行為が、実は不可抗力によるものだったと、あとから判明したならば、どうでしょう。自分も、同じ不可抗力の理由があったなら、同じ轍《てつ》を踏んでいたかもしれない——という同情的な気持ちにだってなるのです。

すると、その人を憎んだり、恨んだりする気持ちが、一気に氷解してしまいます。

もちろん、そのためには、納得のできる、信憑性のある背景事情の説明が必要です。

時間がたってから、次のような事情を「創作」することでうまくいく場合もあるのです。

当方「あの時は、大変ご迷惑をおかけして申し訳ありませんでした」

先方「今さら、どうでもいいですよ。あなたという人間が十分わかりましたから（冷淡）」

当方「実は、当時の上司から、ああしなければ、お前がクビだと脅されてまして…」

先方「えっ？　そ、そうだったんですか？　じゃあ、あれは、あなたの上司が…？」

当方「はい。申し訳なかったです。パワハラ上司はそれがきっかけで左遷されました」

先方「へーっ（驚愕）、じゃ、あなたも被害者だったわけで…そうなんだあ……（同情）」

テクニック

77

「時間差」を設けて謝罪することで丸め込む

思考・イメージの操作「時間差による不安心理の増大」

相手からの厳しい叱責や長いお説教が続いた時に、感謝の言葉で、その攻撃を緩和する方法については、すでに28ページでお伝えしました。

ここでは、同様に叱責を緩和する方法として、「時間差」を利用する例を取り上げます。

部下「部長。申し訳ございません（汗）。実は私、また、大変なミスをしてしまい……」

上司「な、なにっ？（汗） なんだと、貴様またやりやがったのか、コノヤロウ！（怒）」

部下「は…はい。申し訳ございません（汗）。お詫びの言葉もございません…（涙目）」

上司「当たり前だっ！（怒） 何をやった？ オレの顔にどんな泥を塗ることをやった？」

部下「はい…。私も覚悟しておりますが（涙目）、ちょっと、ここで申し上げるのは…」

上司「なに…？ よし、それじゃあ、応接室で聞こう。今から、応接室に来い！（怒）」

このように、部下は、とんでもないミスであることと、それに対する、しかるべき責任と覚悟もできている――と表明するところが、ミソになります。

そして、報告するにあたっては、別の場所へと移動してもらうよう仕向けるのです。

これが**「時間差」**になるわけです。

この移動の間に、上司の頭の中には、さまざまな不安と焦燥がひろがります。

大変なミスとは、いったいどんな事態なのか、上司は動悸《どうき》も高まり、血圧も上がります。通常、このような間を空けられた場合、人間は最低・最悪の事態を想像するからです。

そして、上司は覚悟を決めて、自分自身を落ちつけようと必死になりながら尋ねます。

上司「で、いったいどうしたって言うんだ？　何をやらかした？　早く言ってみろ！」

部下「は、はい…（汗）。実は、確実だったはずのH社の受注に失敗してしまい……」

上司「えっ？　なに？　そういうこと…？　え？　大失敗ってそれなの？（拍子抜け）」

とんでもない最悪の失敗を想定していた上司は、ここでうっちゃりを食わされます。

テクニック

78

「もう売り切れました」「すでに終わりました」で丸め込む

思考・イメージの操作「ロストゲイン効果」

お昼に「鴨南蛮うどん」を食べようとお店に行ったのに、「ごめんなさい。今日はもう売り切れちゃったんですよ」と言われると、無性に「鴨南蛮」が食べたくなります。

営業マンから以前聞かされたスペシャルサービスを申し込もうと連絡すると、「申し訳ございません。あれは予想外に好評で申し込みも多く、すでにサービスを終了させていただきました」などと言われると、無念の悔しさが募ります。

そんな時、「あ、一食分だけなら、鴨南蛮作れますけど」とか、「おたくにはお世話になってるんで、特別にスペシャルサービスを適用しますよ」などと言われると嬉しくなって申し込みます。「やったーっ！」と飛び上がって喜びたくもなるのです（「ロストゲイン効果」）。

すでに、72頁で解説した「**限定テクニック**」「**希少価値効果**」が、さらに強化されてはたらいた結果です。

もともと数に限りがあったり、めったに手に入らないモノには、「今買っておかない

売り切れだと思ってたら1台だけありました！
どうなさいます？
買うに決まってんでしょ！

※「消失感」を刺激されると無性に欲しくなる！

と、二度と買えないかもしれない」という心理がはたらきますが、「もうなくなってしまった」となると、さらに消失感を募らせられるからです。

迷っているお客のプッシュに使えます。

店員「あ、お客さん。念のため在庫を確認しますね。あれ、もう売り切れだ」

お客「えっ？　何それ、困るなあ…。ないものをすすめるなよ。残念だなあ」

店員「あ、ありました！　隠れてました。1台だけありますが、どうします？」

お客「買うに決まってるでしょ、それ」

テクニック

79

「どのぐらい？」と時間を質問することで丸め込む

コミュニケーション技法「意向打診法」

誰かから無断で、自分のスペースを侵害されたり、迷惑行為を及ぼされると腹が立ちます。人には、**承認欲求**（認められたい・ほめられたい欲求）がありますから、自分の承諾なしに他人に事を運ばれると、無視された――、侮辱された――として、怒りが湧いてくるのです。しかし、怒ってモノを言うと、たいてい悪しき事態を迎えます。

同僚A「おい、これ何だよ？（怒） こんなところに勝手に段ボール積むなよ！」
同僚B「うちの課のスペース満杯だから、しょうがないんだよ。がまんしてくれよ！」
同僚A「冗談だろ！（怒）なんで、うちの課がお前のところの物置きにされるんだ？」
同僚B「しょうがないって言ってるだろ。場所がないんだから！（怒）」
同僚A「すぐどかせよ！（怒）邪魔なんだよ、邪魔！ お前、いいかげんにしろよ！」

同僚Bは、はじめから低姿勢で、承諾を得るべきだったのは言うまでもないでしょう。

それをしていれば、少しは状況も変わっていたかもしれないのです。

同僚Aを怒らせるような険悪な状態を作ったのは、もとより同僚Bに責任があります。

しかし、同僚Aも大人気《おとなげ》ないのです。

いきなり、高飛車に怒って行為の不当性を指摘すると、反発を買うのも当然だからです。職場なら、こうした口喧嘩ですむかもしれませんが、街中だと厄介です。

禁煙スペースでタバコを吸っている人を注意したことから口論になって、刃傷沙汰にまで発展した——とか、自宅前に違法駐車しているクルマの運転手を叱りつけたために、逆切れされて殴られた——などの事件が起こっているからです。

相手の不当行為をたしなめる時は、相手の承認欲求にも配慮しないと大変なのです。

禁煙エリアでタバコを吸う人には「**どのぐらい**、ここで吸われますか？」と尋ねます。

違法駐車のクルマの運転手には「**どのぐらい**、駐車されますか？」と問いかけます。

電車内で携帯電話をしている人には「**どのぐらい**、かかりますか？」と尋ねます。

すると、たいていは、素直にこちらの意向を汲み取ってやめてくれるものなのです。

テクニック

80

「何とかなりませんか?」と相手に相談することで丸め込む

コミュニケーション技法「意向打診の発展形」

前項で紹介した「どのぐらい?」と時間を質問することで不当な行為をやめさせる方法は、**「意向打診型」**と呼ばれる心理テクニックに属します。

相手の意向を打診する形をとることで、相手の行為や立場にも一定の理解を見せます。相手の自尊心を尊重しながら、こちらの意向を伝えるという仕組みになっています。

人は、自分が不当行為をしていても、誰かから注意されると反発心が湧くのです。

指示・命令されるのが、大嫌いなのが人間だからです。

「○○するのはやめろよ」「○○は禁止だからな」「オレの言う通りにしろよ」などと、言われると、自分の行為を否定されただけでなく、自分の人格すべてを否定されたようにも感じるのです。

指示・命令は、上から目線での言葉の発信になりますから、お前の言うことなんか聞きたくないよ——という反発を呼び、従うよりも、抗う気持ちのほうが勝ってくるのです。

禁止されたことで、余計にしたくなるという**「カリギュラ効果（136頁）」**を紹介しましたが、同じ理屈なのです。

禁止されて好奇心が催される「カリギュラ効果」以上に、指示・命令で自分の行動を規制されるのは、反発を呼び、逆らってやろうという心理に傾きやすいのです。

ゆえに、「意向打診型」の心理テクニックを用いると、コミュニケーションスキルがみるみる向上します。「何とかなりません？」と相談をもちかける方法を使いましょう。


「荷物はどのぐらい置きますか？」→「荷物に困ってますが、**何とかなりません？**」

「どのぐらい、ここで吸われますか？」→「禁煙スペースなんで**何とかなりません？**」

「どのぐらい、駐車されますか？」→「自宅の前なので**何とかなりません？**」

「どのぐらいかかりますか？」→「携帯の通話は**何とかなりません？**」


指示・命令と異なるのは、少しでも自分の判断に委ねられた――と感じられるので承認欲求が満たされるのです。

説得の技法「数字の効果」

テクニック 81

数字データを示して相手を丸め込む

数字のデータを持ち出してアピールすると、それだけで説得力が増していきます。

店員「お客さん。家庭の電気代のうち、4分の1を占める家電製品は何かご存じですか？」
お客「4分の1？　何だろうなあ。わかんないけど…」
店員「正解は、エアコンなんですよ。エアコン。これが電気代の4分の1を占めます」
お客「ふーん。意外と大きいんだねえ」
店員「でしょう。ところで、お客さんのお家のエアコンはいつ頃買われた製品ですか？」
お客「そうねえ、10年ぐらいは経ってるかな。でもまだ、ちゃんと動いてるけどね」
店員「では、10年前のエアコンと、今のエアコンの電力使用量の違いをご存じですか？」
お客「さあ、2〜3割向上してるのかなあ…」
店員「お客さん。現在の電気代は10年前のエアコンの4割しか電気代がかからないんです

※「数字データ」は強い説得効果をもつ！

よ。60%もの節電なんですよ」

お客「へーっ、そりゃ、知らなかった」

店員「お客さんのお家の毎月の電気代が３万円としますと、最新のエアコンに変えた場合は、全体で15%の節電になる計算です。毎月４５００円の節電なので、１年だと５万４０００円の節電、２年で約11万です」

お客「ひゃーっ、２年で元も取れるんだ」

店員「そうなんです。この際、ぜひ、ご決断くださいませ（したり顔）」

スラスラとわかりやすい数字で迫るのがコツです。

テクニック

82

「もしかして」「たとえばの話」として本音を探り出す

思考・イメージの操作「仮定型質問」

正攻法で質問したからといって、相手は正直に何でも答えてくれるとは限りません。

それどころか、質問の内容によっては、「そんなことを聞くとは失礼千万」とばかり、不快に思われるケースも多いのです。学歴、経歴、収入、役職、資産、家族構成、恋人の有無……などといったプライバシーに関わることでは、なおさらです。

会話の最中に、そんな事柄を聞きたくなった時に使えるよい方法があります。**「もしかして」「たとえばの話ですが」「仮の話なんですが」**といった仮定を前提としたセリフを枕に振って相手に質問するのです。

仮定の話にしてしまうと、ストレートに尋ねていることにはならないのです。

もちろん、誘導尋問には違いないのですが、面白いことに、こうした質問を投げかけると、誰もが真面目に答えてくれるから笑えるのです。

仮定の話なので、気楽に答えられるというわけなのでしょう。

当方「もしかして、該博な知識をお持ちの山崎さんて、超一流大学のご出身ですか？」
相手「いやはや、私は大学なんて出ていませんよ。高卒ですよ、めっそうもない（笑）」
当方「たとえばの話ですが、御社クラスだと、30歳代で1千万の年収はいきますよね？」
相手「いやいや、それは昔の話。今は30代じゃ無理ですよ。45歳位にならないとね」
当方「仮の話ですけど、横山さんは、いろいろと役職もこなされて来たんですよね？」
相手「いやまあ、私の場合、会社では、まだ課長補佐の身分ですけどね」
当方「もしかして、きみぐらいモテモテだと、彼女も3、4人はいるんじゃないの？」
相手「いやあ、3年ぐらい前は、それぐらいいましたけど、今は2人がやっとですよ」

とまあ、こんな具合にポロポロ喋ってくれるので、面白い展開が期待できるのです。

テクニック

83

他人をダシに使ってほめて丸め込む

承認欲求の充足「ウィンザー効果」

男性の場合、同性をほめるのが苦手です。オス同士はメスをめぐるライバルですから、お互いを優劣関係でとらえる本能に支配されています。ゆえに、相手をほめたりすると、何だか自分のほうが劣っているように感じがちなのです。

自分より、地位や権力、立場が明らかに上の存在なら、同性でもほめることはできるのですが、同年齢の相手や、先輩・後輩をほめるというのは、本能的に苦手なのです。

しかし、職場の人間関係を円滑に保つうえでは、同僚だろうと後輩だろうと、率直にほめられないようでは困ります。

ほめは、相手の承認欲求を満たす強力なツールだからです。ほめは、4分類あります。

★「迎合」…「さすがー」「すごい」と相手に迎合する。
★「共感」…「なるほど」「ごもっとも」と相手に共感する。

女子社員たちがキミのこと、カッコイイってほめてたぜ！
エッ？ホント…？
コイツいい奴だなー　いいこと教えてくれて…
※「ウィンザー効果」は信憑性が高いので効く！

★「気遣い」…「嬉しいです」「大丈夫？」と相手を気遣う。

★「謙遜」…「おかげさまで」「私にはとても」とへりくだる。

このうち、ゴマスリやおべんちゃらに聞こえがちなのは、「迎合」と「謙遜」のほめです。これを使う時は、「○○さんが、スゴイってほめてたよ」などと、誰かが言っていた形で伝えてやりましょう。

伝達型のほめは、「ウィンザー効果」といって、信憑性が高まり、伝えてくれた人までが好印象になるからです。「誰かがそう言ってたよ」でも効果があります。

テクニック

84

「ここだけの話ですが」と言って相手を丸め込む

コミュニケーション技法「秘密の共有」

「ここだけの話にしていただきたいんですけど……」と相手に言われると、思わず身を乗り出してしまいます。特別に秘密の話を聞かせてあげるけど、他言は無用ですよ――と告げられているのですから当然でしょう。

自分の胸の内を告白することで、相手との親密度を増す「**自己開示**」の効果については、128頁で説明しましたが、「何かの秘密」を特別に教える――という行為でも、「**秘密の共有関係**」によって、同様の効果が見込めます。

当方「ここだけの話ですが、実はこの製品は、佐藤さんのご指摘の通り、中身はほとんど変わっておらず、外側のデザインを変えただけなんですよ」

先方「ふふふ。やっぱりね。それでバージョンアップを装って価格を上げたのか」

当方「さすがに、佐藤さんは鋭いなあ――と改めて敬服いたしました。スゴイです」

先方「ふふふ。まあ、きみの顔に免じて、このことは秘密にしておいてあげるけどね」
当方「恐れ入ります。佐藤さんには、ホント勉強させられます。今後もご指導のほどを」

ご覧の通り、「秘密の共有関係」は、「自己開示」と同じく、あなただからこそお伝えする――という「**限定・希少価値効果**（72頁）」もはたらいています。
相手を丸め込むのには、もってこいのテクニックだということがわかります。
相手が不満をこぼしてきた時にも使えますから、上手に丸め込んでやりましょう。

お　客「きみ、売れっ子だねえ。ぼくは指名客なのに、ほとんど席につかないじゃん」
キャバ嬢「ごめんなさい。他にも3本指名されちゃってて。でもね、この席が一番落ち着くの。ここだけの話だけど、時間延長してくれたら、主任さんに頼んで、特別この席に長くいさせてもらうようにするから、許して」
お　客「えっ？　そんな不公平なことって、できるの？　ホント？」
キャバ嬢「黒田さんがせっかく来てくれたんだもの。誰にも内緒よ。秘密の約束よ♡」

テクニック 85

煮え切らない相手を二者択一式で丸め込む

説得の技法「二者択一式」

優柔不断で物事を決められない人に、決断を促す方法については、すでに92頁で説明しました。こちらが自信をもって選択してやり、強く推奨してあげることと、決断が結果的に間違っていても、何の問題も生じないことを力説する方法です。

こういう人は、背中を押してやらないと物事を決められないからですが、ここでは、優柔不断の人が、自分で決めたと錯覚する方法についてお伝えしておきます。

「二者択一式の質問」で追い込む方法です。相手が気に入りそうな二つの選択肢を示し、どちらがよいですか——と選ばせていく要領になります。

このように、あたかも選ぶのが当然といった前提で迫るのを、**「誤前提暗示」**と言いますが、ここでは70頁で見ていただいたような「不意を衝く」スタイルではなく、じっくり考えさせながら、どちらかひとつを選ばせる方法を紹介しておきます。

店員「お客様。カーテンをお選びですか？」
お客「うん、そうなんだけどもね…。こんなに種類があると、とてもじゃないけど、ぼくでは選べないなあと思って……。今度カミさんと一緒に来るしかないかな…」
店員「お客様。よろしければ、私がお手伝いをさせていただきますけれども。お客様は、どんなお部屋のカーテンを選ばれるおつもりですか？」
お客「うん。リビングなんだけれども……」
店員「お客様のリビングにマッチさせたいカーテンは、こちらの暖色系とクール系とどちらがお好みですか？」
お客「うーん、そうだね、やっぱり暖色系がいいかな。リビングだからね」
店員「そうですよね、楽しい空間ですから。色柄のお好みは、濃いのと薄いのでは？」
お客「そうね、濃いのがいいよね。落ち着くからね」
店員「そうしますと、こちらのA製品とB製品ですが、どちらがお好きですか？」
お客「うん、B製品がいいみたいだね。んじゃ、これにしようかなっと…」
店員「ありがとうございます。さすが、お客様はお目が高いですね」

テクニック

86

会議で主導権を握って相手を丸め込む

説得の技法「スティンザーの3原則」

会議で主導権を握るのに効果的なのは、あらかじめ根回しを行って、賛同してくれる人を多く作っておくことです。すると、会議の場では、同調効果がはたらいて、合意が得られやすくなるでしょう。これは102頁で見ていただいた「バンドワゴン効果」がはたらくからですが、いつも根回しができるとは限りません。

自分の意見に賛同してくれている人が、たった一人しかいない場合は、どうしたらよいのでしょうか。そんな時には、まず、自分の座る席の真っ正面の位置の席に、賛同者に座ってくれるよう頼んでおくことです。会議で、反対意見を言おうと待ち構えている人は、たいてい意見発表者の真っ正面に座る傾向があるからです。

そして、自分の意見のすぐあとに、賛同者にすぐ「賛成です」と言ってもらいます。反対意見の人が、すぐあとに意見を述べようと待ち構えているのを封じるためです。こうすることで、自分の意見の賛同者をふやしやすい環境がつくれるのです。

というわけでA案が最適と思います！
反対意見が出にくくなる！
いいね、それ私も賛成！
ほう…

これは、米国の心理学者スティンザーが実験で得た会議の法則「**スティンザーの3原則**」に基づく方法論です。

スティンザーによれば、次のような3つの原則が挙げられています。

①会議の時、正面に座る人は、過去に激しくやりあった人、反対意見の人が多い。
②会議の時、ある発言が終わったあとに発言する人は、反対者であることが多い。
③議長の主導権が弱いと、正面に座る人同士で私語し、強い時には隣同士が私語する傾向がある。

テクニック 87

「全員一致効果」で相手を丸め込む

説得の技法「全員一致効果」

職場や学校といった組織の中では、必ずまとめ役のリーダーがいます。

会社では所属長であったり、学校ではクラス委員やガキ大将がそうでしょう。

こうしたリーダーが、健全なリーダーシップを発揮してくれていれば、何も問題はありません。

しかし、権力を握っている人間は、時々錯覚を起こします。

自分の指示や命令に従ってくれる配下の存在に対して、自分があたかも全能の支配力を有しているかに取り違えてしまうのです。

その結果、暴走が始まります。自分のやりたい放題を自分に許してしまうのです。

「権力は腐敗する。絶対的権力は徹底的に腐敗する――（ジョン・アクトン）」。

大袈裟に言えば、こういうことなのでしょう。

よって、周囲は、モノ言えば唇寒し――とばかりに萎縮して過ごすことになります。

パワハラ上司やセクハラ上司が生まれるのは、周囲が遠慮して何も言わないから――ということでもあるのです。

組織の中で、横暴な振る舞いをする人間を、放っておいてよいわけがありません。

密かに、共通の認識を育み、全員一致で対抗すれば、あっけなく粉砕することができるからです。「全員一致効果」は、強力なパワーを発揮します。

部下「部長。今日は私たち全員一致の見解をお届けに上がりました。私たち部下に対する部長の暴言の数々を、今後一切やめていただきたいという申し入れです」

部長「何だとー（怒）、仕事もできんくせに生意気な…」

部下「改めていただけないということでしたら、私たち全員で上層部に訴えます」

部長「えっ？　そ、そんな（汗）、わ、わかった、許してくれ、改めるからさ（哀願）」

このようにイチコロです。組織の人間は、しょせん組織の中では弱いのです。

もっとも、街中のゴミ屋敷の主人のような存在は、町内の全員一致効果も効きません。

第5章

どんな相手でも手玉に取って攻略する

テクニック

88

「時間に厳しい人」を手玉に取る

コミュニケーション技法「従属の心理」

時間に厳しい人は、自分に対しても、他人に対してもそうです。

待ち合わせ時刻には、必ず5分~10分早く到着するようにしています。

相手が、5分~10分遅れてくると、言葉に出して「遅いじゃないか」と非難する場合もあれば、言葉に出さなくても表情がむっつりして、明らかに不機嫌であることを隠そうとしなかったりします。時刻通りにジャストで現れるか、あるいは、それより少し早く来ているぐらいが当然だ——と考えているからです。

「いやあ、申し訳ない。電車が遅れちゃって…(汗)」などと謝っても、電車が少々遅れたぐらいがなんだ——と思っているので、理由を聞かされても表情はほぐれません。

こっちは、5分~10分電車が遅れることまで想定し、待ち合わせ時刻より早く来ているのになんだ——という思いがあるからです。

対等の関係であるべきなのに、待たされるという**「従属の心理」**が不愉快にさせます。

こんな時間厳守の人と待ち合わせをする場合に限らず、待ち合わせ時刻よりも、早く到着していることは、心理学的にもおすすめの行動になります。**「先手必勝の法則」**です。

こちらの到着よりも、相手が先に来て待っているケースを想像してみてください。

時刻通りに、こちらが到着した場合でも、何だか焦ってしまうでしょう。

「お待たせしました」と、つい口に出てしまいます。時刻ちょうどに来ているのにです。

相手に負い目を感じる心理は、その後の交渉にも無意識に影響を及ぼされるのです。

相手より優位に立って、主導権を握りたければ、とにかく相手より先に着いて待っていることなのです。相手がもともと早く来る人であれば、それ以上に早く行くことです。

ところで、早く着こうと思って早めに出発したのに、不可抗力で遅れてしまう場合もあります。そんな時には、携帯を使ってすぐにも相手に連絡しなければなりません。

しかし、遅れる時間が10分~15分の見込みなら、20分から25分遅れると多めに伝えるべきなのです。ギリギリの時刻を伝えて遅れれば、さらに怒らせることになるからです。

相手は待たされれば待たされるほど「従属の心理」がはたらいて不愉快になります。

しかし、伝えられた時刻よりも早く到着すれば、その心理は解消に向かうからです。

テクニック

89

「プライドの高い人」には「助けてください」と頼む

承認欲求の充足「救済」

プライドの高い人は、人を寄せつけないオーラを放っています。

周囲を見下していますから、孤立を余儀なくされることでしょう。

そう言う人には、誰もモノを頼みたくありません。

うかつに近づいて、お願い事をしても、「何でオレがそんなくだらないことに付き合わされなきゃいけないんだよ」などと言われて却下されかねないからです。

プライドが高い人というのは、自尊心が極端に高いからですが、実績なり、能力なりにそれなりの自信をもっているせいでもあるでしょう。

しかし、そんな自分の有能さに対する周囲の評価が、いまひとつ低いというのがジレンマにもなっているのです。

つまり、本当に自信があったら、プライドなど振り回さなくてもよいわけです。

プライドが高い人と他人から思われるのは損なのですが、本人は気づいていません。

どうかひとつ
私を助けて
くださいません
か？
ペコ
ペコ
ウォッホン
！
そうかね…
キミがそこまで言うなら
協力するにヤブサカでないよ

※「プライドが高い」と手玉に取られやすくなる！

それどころか、「オレをもっと敬えよ」とばかりに、偉そうに振る舞っています。こういう人を手玉に取るのはカンタンです。

優越感を、たっぷりどっぷり味わわせてあげればよいだけだからです。

お願い事をする時には、「助けてください」とすがりついてあげましょう。

徹底的にへりくだってお願いされると、自尊心が満たされ、優越感から、相手の申し出をつい引き受けてしまうからです。

プライドを振りまわしている人を見つけたら、うまく手玉に取って利用することを考えるべきでしょう。

テクニック

90

「ほめられ慣れている人」をほめる

承認欲求の充足「自己拡大とプロセス重視効果」

男性は、美人を前にするとドキドキします。官能が刺激されて、セックスを意識するからです。**「ハロー効果（106頁）」**に幻惑されて、エッチしたい願望が無意識（本能）に宿ります。そして、緊張のあまり「おきれいですね」「可愛いですね」などとベタなセリフにつながりかねないのです。

いつも、キレイとほめられ慣れている人は、「美人ですね」とほめられて、嬉しくないわけではありませんが、当然とも思っているので、「またそのセリフか、いいかげん聞き飽きたなー」と傲慢な心理にも傾きがちです。単なる**「自己確認」**にすぎないからです。

そんなセリフで口説こうと思っても、その他大勢の人たちと同じになってしまいますから。心動かされることはあまりないのです。

ほめられ慣れている人をほめる時には、ベタなセリフを使わないことが大切です。

美人やイケメンなど、外見をほめられ慣れている人には、それ以外の部分、たとえば内面をほめてあげるべきです。「センスがいいね」「感覚がシャープですね」「気遣いが素晴らしい」「メンタル面が安定していますね」「話し方に説得力がありますね」などです。

つまり、**「自己拡大」**が図れるセリフなのです。

「そのセンスを生かせばスゴイことができそう」「その考え方なら成功しそう」――など、未来に向かって自己の可能性が開かれる要素が感じられる言葉に嬉しくなるのです。

この人は、私の可能性を見出してくれる人――となれば、その他大勢から抜け出せます。では、肩書などが立派な人たちは、どうほめてあげるのがよいのでしょうか。

すでに自分に一定の**「権威」**が備わっていることを十分認識している人たちです。「上場企業の部長さんでスゴイ」「大学教授とはサスガ」「お医者さんてステキ」――。こんなセリフは、聞き飽きているのです。

こういう人たちには、「自己拡大」を図れるセリフも悪くはありませんが、むしろ、今の立場や権威をもつに至った**「プロセス」**での苦労を讃えてあげたほうが喜ばれます。

「組織をまとめていかれるのは大変でしょうね?」「難しい学問を志されたキッカケは何だったんですか?」などです。上手に転がしてあげると、一目も二目も置かれます。

テクニック

91

「わがままな人」には「○○の立場になってみろ」と迫る

説得の技法「ロールプレイング」

自分勝手な論理で行動して、他人に迷惑を及ぼす輩がいるものです。

ガミガミ叱っても、効果がないのですから、ますますイライラが高じます。

「何できみは、こうなんだ？　オレの話をちゃんと聞いていたのか？　反省してるのか？」

というわけで、指導するほうも疲労困憊してしまいます。

こんな時には、重大事態と認識させ、自分と向き合わせる方法を紹介しましたが（46頁）、**「ロールプレイング（役割演技）」**を行わせることでも効果があるのです。

自分の行為で迷惑をかけた相手の立場に立たせることで、身につまさせるのです。

トイレを汚す人には掃除する人の、支払いの悪い人には受取人の気持ちを考えさせるのと同じ要領です。

次の会話は、電話受注がミスにつながるので禁止されていたにもかかわらず、営業マンがそれを守らず、電話による伝達ミスで製品出荷を滞らせた――という事例です。

上司「きみ、得意先の立場になって考えてみてくれ。製品の納入日になって、工場で待機しているのに、待てど暮らせど、うちからの製品が届かなかったら、どうなる？」

部下「はい、困ります…（汗）」

上司「どういうふうに困るのか、得意先の立場で具体的に考えてから言ってくれよ」

部下「はい…（汗）、製品加工ができなくて困ります。その結果、完成品がつくれません」

上司「それから？」

部下「えーと、完成品を納める先にも迷惑がかかります…（汗）。信用問題にもなります」

上司「それだけじゃないだろ、もっとあるだろ？」

部下「えーと…（汗）、工場の作業が止まってしまいますから、人も機械も遊ばせることになってしまいます」

上司「そう、どのぐらいの損失になるのか、計算してみてくれよ」

部下「えっ？　損失を見積もるんですか？　全部をですか？」

上司「そうだよ。機会損失のコストを考えなければ、実感にも乏しいだろ」

テクニック

92

「失意の人」には「どうしたの?」と寄りそう

コミュニケーション技法「救済」

失恋したばかりの女性がいたら、近づいて仲良くなる絶好のチャンスです。自己評価が低くなっているからです。自己肯定感がもてない状況にあるからなのです。なんでフラれちゃったのかしら。やっぱり、あたしには魅力がないのかしら――。

こういう心理状態の時に、「どうしたの? よかったら話さない」などと言って近づき、**「アイ（I）メッセージ（142頁）」**で共感してあげると、女性の心は優しいあなたになびきます。

女性が、意中の男性にアプローチする場合も同様の手が使えます。

お目当ての男性が、上司にコテンパンに叱られた時や、仕事で失敗して落ち込んでいる時が狙い目になります。「どうしたんですか? いつもの齋藤さんらしくないですよ。愚痴の聞き役にでもなりましょうか?」などと母性的アプローチが効くでしょう。

落ち込んでいる時に、優しく手を差し伸べてくれる人の存在は、神々《こうごう》しさに満ちている

ものなのです。そんな時に、「私はあなたが好きです」というメッセージを添えて近づかれたらイチコロです。

ちなみに、日本人は異性に告白するのが苦手という人が多いのですが、その理由は、「断られて落ち込むのがイヤだから」というものです。

そのため、勇気がもてないのです。

しかし、「好きです」と告白すると、「**返報性の原理**（170頁）」で相手も好意をもってくれるのです。

「好きです」といろいろな相手に告白すればするほど、好意の連鎖も期待できます。駄目元なのでどんどんやるべきなのです。

テクニック

93

「真面目な人」の「罪悪感」を消す

コミュニケーション技法「罪悪感」

男性「ねえ、ねえ、今週の金曜日、ぼくと一緒に食事に行かない？」
女性「えっ？　あのう、あたし、彼氏がいるんですけど……」
男性「うん、知ってるよ。だからって会社の同僚と食事しちゃいけないってことには、ならないでしょう？　きみと行きたいお店はね、イタリアンの新しいお店でね。内装がしゃれてるんだよ。来月号の特集記事でインテリアを扱うからさ、きみと一緒にインテリアの感度を磨いておきたいと思ってね」
女性「あ、そういうことでしたか。失礼しました。じゃあ、金曜日を楽しみにしてます」

彼氏のいる女性を誘う時には、このようにもっともらしい理由をくっつければ、彼女の中の**「罪悪感」**を消し去ることができます。

そうすれば、彼氏以外の男性とのデートであっても、「これはデートじゃない、仕事関連の必要なお付き合いなのだ」という強固な動機付けが行われます。

彼氏「こんど、うちの会社、規模が2倍ぐらいに大きくなると思うよ」
彼女「えっ？　何で？　どうして規模が大きくなるの？」
彼氏「うん、M＆Aをやるんだよ…。おっと…、これはまだ秘密だった…いけね…（汗）」
彼女「秘密って言うけど、あたしたち恋人同士よ。恋人同士に秘密は禁物よ。あなたとは、一心同体なのよ。ね、どこの会社と一緒になるのか教えてよ」
彼氏「インサイダー情報の漏えいになっちゃうからね、それはきみでも言えないよ」
彼女「でも、もう言ってるじゃない。会社が大きくなるって」
彼氏「いや、それはちょっと、うっかりして……（汗）。あのう、忘れてくれよ……」
彼女「駄目よ。あたしも絶対秘密は守るから。ね、あたしたち、恋人同士でしょ？」
彼氏「う、うーん（汗）。あのさ、○○工業を買収するんだよ。コレ、絶対秘密だよ」
彼女「もちろんよ。恋人同士だもん。秘密は守るわ（うふふ♡やったあ！　明日朝一番で株買っとかなきゃ）」

テクニック

94

「ほめ上手な人」には「ほめ返す」

コミュニケーション技法「ほめ返し」

ほめ上手な人は、聞き上手な人です。

「へーっ、なるほどー」「そりゃあ、スゴイ！」「驚きましたね」「それでそれで？」と、上手に相づちを打ってくれ、こちらの話を前のめりになって聞いてくれます。

あからさまなおべんちゃらでなく、当意即妙に反応したほめ言葉で、こちらを「いい気分」にさせてくれるのですから、こういう人は好かれます。

ところで、ほめというのは、不思議なもので、「お世辞」を言われているな――とわかっていても、だんだん気分がほぐれていくものです。

フランス皇帝にまでなったナポレオンは、お世辞嫌いで通っていたものの、部下から「閣下は、お世辞がお嫌いなので事実のみ報告いたしますが、閣下の人気はパリではうなぎのぼりです」などと言われると、頬が緩み、すっかりやにさがっていたと伝えられています。ほめは、お世辞であっても十分効くのです。

ほめを繰り返されると、麻酔を打たれたように、神経が弛緩《しかん》していき、「いい気分」になってしまいます。すると、余計なことをペラペラ喋ったり、相手の要求をうっかり承諾してしまったりするのです。

ゆえに、ほめられても乗せられないよう、警戒しなければなりません。

ほめの攻勢に対抗するには、ほめられていると思ったら、すかさず相手にほめ返しを行うことです。相手のほめを言下に否定するのではなく、「それはありがとうございます」と受けとめて礼を述べ、「それはそうと、○○さんこそ〜」と始めればよいのです。

先方「岡本さん、それはすごいですねえ。びっくりしましたよ。やり手なんですねー」
当方「いやあ、おほめにあずかって恐縮です。ありがとうございます。それはそうと山本さんこそ、プレゼンの名手と伺ってますよ。プレゼンの要諦を教えてくださいよ」
先方「えへ？　プレゼンの要諦ですかー。それはですねー、まずは、ペラペラ…（饒舌）」

ほめ返しが、見事に効いた瞬間というわけです。

テクニック 95

屁理屈を言い続ける「非論理的な人」を手玉に取る

ディスペーシング法「原則論の呈示」

世の中には屁理屈でイチャモンをつけるクレーマーがいます。

「おたくのデジカメが壊れたせいで、新婚旅行の貴重な思い出が一瞬で消えてなくなったんだぞ。カメラの無償修理ですむ話じゃないだろ。オーストラリアの旅行代と精神的苦痛に対する慰謝料を払えよ」

＊　＊　＊

「おたくのチャーハンを完食したら、気持ち悪くなったじゃないか。人を不快にさせて、飲食代を請求するなんておかしいだろ。迷惑料を払えよ」

こういう屁理屈をこねられると、たいていの人は、相手の飛躍した論理や矛盾に対して一生懸命説得を図ろうとするものです。根が真面目な人ほどそうなります。

あい、わかりました！
不味《まず》かったから
代金は払いたくない
ということですね！
警察呼び
ますから
お待ちくだ
さいね！
わ、わわ
払うよ
払うってば！

※屁理屈を言う人を、まともに相手にしてはいけない！

しかし、こんなヘンテコな話にまともに向き合うこと自体が間違っています。

「デジカメをご購入後、１年間は無償修理の対象ですからお預かりいたします。ご納得いただけないなら、好きになさってください。当方はそれ以上関知いたしません」

＊　＊

「食べはじめにおっしゃっていただければ対処のしようもありましたが、完食されてからそんなことを言われても困ります。お支払いいただけないのでしたら、警察を呼びます」

テクニック

96

理不尽に「毛嫌いしてくる人」を手玉に取る

思考・イメージの操作「印象操作」

原因が思い当たらないのに、誰かから毛嫌いされていると、妙に落ち着かない気分にさせられます。こちらは相手に対して、何も特別な感情をもっていないし、何か嫌われるようなことをした覚えもないのですから当然です。

ところで、人が人を好きになったり、嫌いになったりするのは、直接的なコンタクトのあるなしには関係がありません。相手と特別なやり取りがなくても十分生じる現象なのです。誰かの言動や振る舞いを、遠くから見ているだけでも、好悪の感情は生まれます。

TV番組で、好きなタレントや嫌いな俳優ができるのと同じ理屈なのです。

原因がわからないのに、毛嫌いしてくる人と仲良くなるためには、相手の偏見を解いてあげることが大事です。あなたへのイメージを操作すべきなのです。

あなたの顔が嫌いだ――。デブな体型が嫌いだ――。喋り方が嫌いだ――。

このように生理的に受け付けない理由があったとしても、うまくいく方法があります。

それは、あなたから相手に、「おや?」と思えるような行動を取り、相手の固定観念を破ってあげることなのです。つまり、相手が、あなたに抱いている悪いイメージは、単なる思い込みにすぎなかったと悟ってもらうわけです。

毛嫌いしてくる相手から好意を獲得する手段にはいくつかあります。

◎何かで際立った善行を施す……相手が重い荷物をもっていたら、「お持ちしましょう」と言って手助けしてあげます。相手が見ている場面でみんなに親切にするのでもよいでしょう。一杯になっているゴミ箱を片付けたり、コーヒーを配ってあげたりです。

◎毛嫌いしてくる相手に、小さなことで、丁重にお願い事をしてみます。そして受け入れてもらえたら、それに対して大きな感謝を礼儀正しく示すことです。自分がしてあげたちょっとしたことに、多大な感謝と喜びを示してくれる人は、好印象になるからです。

◎相手の好きなこと、得意なこと、興味・関心のあることについて、教えを請いましょう(22頁)。そして、116頁の「親密化過程」のステップを忠実に実践していくだけで、次第に相手が抱く、あなたへのイメージも変わっていくはずです。

テクニック 97

幸せアピールをしたがる「ウザイ人」を手玉に取る

承認欲求の充足「報酬の請求」

世の中には、どういうつもりか、幸せ自慢をしたがる人がふえているようです。

芸能タレントの影響なのでしょうか、不特定多数の人たちに向けて、「彼がプレゼントしてくれたネックレスでーす」などとブログに写真をアップする人――。

職場の同僚をつかまえて、「ねえ、この新しい髪型どう思う？　彼はすごく大人っぽくなったってほめてくれるんだけど」などと、平気で言う人――。

はっきり言って「ウザイ人」なのですが、本人はほとんど気にする様子もありません。

自慢するというのは、他人から妬まれるリスクもあるわけですが、あけっぴろげに幸せアピールをしたがるのです。

もちろん、他人から、「いいねえ、幸せなんだねー」「ハッピーなんだねー」「うらやましいわー」と言ってもらいたいから、このように自慢するわけですが、深層心理では不安が渦巻いているからでもあるのです。

本当に幸せなのか——誰かに伝えて「幸せなんだねーよかったねー」と言ってもらわないと自分でも確信できない心理です。

幸せかどうかわからない——不安な心理、渇いた心の欲望心理というわけです。

こんなウザイ人には、思いっきり「幸せでいいねー」と讃えてあげましょう。

そしてさらに、彼氏とのノロケ話を引き出して、しばらく「いい気分」を味わわせてあげることです。

ずっと乗せられて、自分がノロケ話ばかりをしていることにハタと気づいたら、なんともバツの悪い心地にもなるはずです。そしたら、こう言ってあげましょう。

「ごちそうさま。どう？　ますますハッピーになれたかな？　今日はいい気分をたっぷり味わわせてあげたんだから、ここの食事代、もちろん幸せ気分満喫のあなたが奢《おご》ってくれるわよね？　両方ともごちそうさまでした！」

一度こういうシーンを作ってあげると、ウザイ自慢はしなくなるはずです。

テクニック

98

「絶対儲かりますから」と絡みついてくる人を手玉に取る

思考・イメージの操作「認知バイアス」

宝くじは、買えば買うほど貧乏になる仕組みですが（1枚300円の宝くじが1等に当たる確率は約1000万分の1）、買う人が大勢いて、行列ができる売場さえあります。

年間売り上げは約1兆円で、配当金（当選金）に回るのは、そのうちの約45％です。

宝くじは、買わなければ絶対当たらないから買うのだ——という人たちの心理を、さらに分析していくと、面白いことに気づきます。

ほとんどの人は当たらないけれど、もしかすると自分だけは当たるかもしれない——という自分だけに都合のよい心理がはたらいているからです。

人は、不快なことを考えるとストレスになりますから、自分だけは交通事故に遭わない——などと思っています。そして、自分にだけはいつか幸運が舞い降りてくるかもしれない——などと、虫のよいことだけを考える傾向があるのです。

これを心理学では**「認知バイアス」**と呼んでいます。「認知バイアス」はさまざまなと

こんなチャンスを見逃していいんですか？年金だけじゃ老後は不安でしょ？
年利14％の複利で回りますから5年で2倍になるんですよ
残りわずかですから早い者勝ちですよ！
うーむ いい話だな オレってラッキーだなぁ…

※「認知バイアス」がはたらくと危ない！

ころではたらきますから注意が必要です。

とりわけ危ういのが「儲け話」の類です。「未公開株」や「投資ファンド」といった詐欺商法に、毎年恒例のように数十万人規模の人たちが引っかかって泣いています。自分はラッキーと欲をかいた人たちなのです。「確実な話で絶対儲かります」などと赤の他人の話を信じた結果、虎の子の老後資金を全額パーにされるのですから悲しすぎます。儲け話を聞かされたらこう言い返しましょう。

「そんなに儲かるなら、誰にも教えず自分一人でやってなさいよ」

テクニック

99

「自分の話ばかりする人」を手玉に取る

コミュニケーション技法「ペーシングテクニックの強化法」

自分の話ばかりを一方的に続ける人がいます。

相手が、自分より立場が上の人だと、恐縮して聞いているしかないでしょう。

せっかく、「いい気分」で話しているわけですから、話の腰を折るわけにもいきません。

相手が「いい気分」で話している時には、こちらは前のめりになって、「へーっ、そうなんですかあ」「それってすごいですねえ」などと興味津々の相づちを打ちながら、相手の話を真剣に聞いている姿勢を示さなければなりません。

つまり、**「ペーシング**（同調行動）**」**するわけです。

時計をチラチラ確認したり、よそ見をしたりすると、どんなに**「バーバル面**（言語的要素）**」**で、調子のよい相づちを打っていたところで、**「ノンバーバル面**（非言語的要素）**」**で本音がバレてしまいます。ディスペーシング（反同調行動）になりますから、相手はだんだん不快になってきて、オレの話が退屈なんだな——と悟られてしまうのです相手は不快な気分のまま、話を終息させるでしょうから、あなたへの印象は悪くなるわけです。せっかく相手の話を聞いてあげたのに、最後がこれだと惨めです。

ゆえに、一生懸命に、相手の話を我慢して聞こうとするわけですが、我慢していると必ずノンバーバル面においては、相手にバレるような現象が表れてきてしまいます。

あくびを噛み殺す表情や、目が空中を泳ぐといった——興味のない仕種《しぐさ》が、どうしても出てきてしまうわけです。しかし、これではマズイのです。

そうならないためには、相手の話の途中で適宜質問することです。

「すみません、それってどのぐらいの値段で買えますか？」
「今でもそれは、あるんでしょうか？」

こういう質問をしていけば、相手の話にもだんだん興味がもてます。

ノンバーバル面でも、しっかりしたペーシングが続けられるわけなのです。

テクニック

100 「論理的に思考する人」を手玉に取る

コミュニケーション技法「論理思考へのペーシングテクニック」

論理的に物事を考える人は、冷静です。感情的な要素、あいまいな事実関係のままでは、とうてい納得してくれません。こういう人を、惑わせようと思って接待攻勢をかけても、いざとなると首を縦に振ってくれなかったりしますから、気をつけないといけません。攻略するには、論理的に**「納得できる説明」**を周到に準備しておくことなのです。

先方「どうして、すぐに修理に来てくれないんですか？　以前は電話したら、その日のうちに駆けつけてくれたじゃないですか。いったいどうなってるんです？」
当方「仕方ないっすよー、何しろ今週は忙しくて、来週あたりになっちゃいますねえ…」
先方「1週間以上も待たせる気ですか？　うちの工場の機械が止まったままなんですよ」
当方「そう言われましても、無理っすよー。できる限り行かせたいとは思ってますから」
先方「いいかげんですね。今後はもう、おたくの機械を購入しませんからね（怒）」

このように、決断に至るのも早いのです。理詰めで考える人は、相手にも厳しいのです。対処法は、次の3つを押さえておくことです。

①あいまいな説明をしないこと……「たぶん」「おそらく」「大体」「このぐらい」
②感情に訴えないこと……「わかってくださいよー」「こんなに頑張ってるんですよー」
③言葉遣いに注意すること……「仕方ないっすよー」「無理っすよー」

期日や時間を明確に言わずに、あいまいに「来週あたり」などと言うのを嫌います。事情をきちんと説明せずに「わかってくださいよー」などと情に訴えても無駄なのです。お客に向かって「仕方ないっすよー」などとタメグチの態度も信頼関係を損ねます。

「以前は、メンテナンス要員が今の3倍以上おりましたが、リストラで現在は8名です。厳しいやりくりのため来週の月曜日にしか伺えません」——こう言えばよかったのです。

テクニック

101

「占いやオカルトにはまっている人」を手玉に取る

説得の技法「フィードバックの第N法則」

80頁で、**「認知的不協和」**を紹介しました。

自分の常識が、矛盾した事柄に直面すると、「アレレ?」と思わず注目してしまい、「何で?」「どうして?」「ありえないだろ?」などと心が落ち着かなくなる現象のことです。

この不快な心理を均衡させるため、人は「出来事への認識を変える」のです。

「タバコは健康に有害」と認識していても、タバコをやめられない人は、「ヘビースモーカーでも、長生きで健康な人は大勢いる」などと、有害性を過小評価することで不協和を解消しようとします。あるいは「タバコは喫煙者の親睦に役立ち、リラックス効果も高い」などと、有益性を追加・強調します。

こうすることで、心のバランスを図るわけで、欲求不満や苦痛からの逃避を図る防衛機制の**「自己合理化」**と非常によく似た心のはたらきです(イソップ物語の、ブドウに手が届かなかったキツネが「どうせ、あのブドウは酸っぱいだけ」と決めつけた話が有名)。

ところで、占いやオカルトにはまってしまっている頑固な人たちがいるものです。148頁で紹介しましたが、自己肯定感の低い、被暗示性の高い人たちです。占いやスピリチュアルは、まったく科学的根拠がない「疑似科学」の最たるものです。

しかし、**「井之頭公園で彼氏とボートに乗ったら、必ず別れるっていう伝説があったんでしょ？　知らなかったのよ…あたし、どうしよう（困惑）」**などと、悩んでいる人がいて笑えるのです。ボートに乗ったら、必ず別れるっていう伝説があったんでしょ？

人は、未来に漠然とした不安感をもっています。ゆえに、未来を肯定される確定的な予言に接することで協和を図ろうとしています。しかし、それが裏切られたことで認知的不協和状態に陥ったというわけです。こんな時には、協和させるため、認識を変える以外にもよい方法があります。

「フィードバックの第N法則」と呼ばれるもので、**「無視する」**か**「捏造《ねつぞう》する」**のです。

「井之頭公園の話はただの都市伝説さ。気にするなよ」と無視をすすめるか、「本当だよ、オレの友達は20名以上が実際別れている。きみたちはもう駄目だな」などと言って事実を捏造し、自分を売り込んで仲良くなるのがよいでしょう。

エピローグ　最高の人生を歩んでいただくために！

楽しくお読み下さり、心理作用の面白さに目覚めていただけたのではないでしょうか。
最後に、コミュニケーションの要諦として、**「ザイアンスの法則」**をいつも念頭に置かれることをおすすめいたします。「ザイアンスの法則」とは、次の３つからなります。

①人は、知らない人には、攻撃的、批判的、冷淡に対応する。
②人は、会えば会うほど好意をもつ。
③人は、相手の人間的側面を知った時に好意をもつ。

これからは、冷淡な人に出会ったら、あなたのことを知らないからだと考えて下さい。
そして、上手にアプローチを繰り返し、あなたの素敵な「人となり」を伝えましょう。
相手を避けていたのでは、発展はありえないし、あなたが損をするだけだからです。
あなたの人生に、栄光あれ――と心から祈っています。

著者

〈著者プロフィール〉
神岡真司（かみおか・しんじ）
ビジネス心理研究家。日本心理パワー研究所主宰。法人対象のモチベーションセミナー、コミュニケーショントレーニング、人事開発コンサルティングなどを手掛ける。主な著書に『頭がいい人が使う話し方のコツ』『頭のいい人が使うモノの言い方・話し方』『苦手な相手に勝つ実践切り返し術』『必ず黙らせる「クレーム」切り返し術』（日本文芸社）、『だから「断ること」を覚えなさい』（PHP研究所）、『クレーム・パワハラ・理不尽な要求を必ず黙らせる切り返し話術55の鉄則』（TAC出版）などがある。
著書シリーズ累計60万部を突破。

■メールアドレス：kamiokashinzi0225@yahoo.co.jp

思い通りに人をあやつる101の心理テクニック

2012年7月14日　初版発行
2012年9月3日　4刷発行

著　者　神岡真司
発行者　太田　宏
発行所　フォレスト出版株式会社
〒162-0824 東京都新宿区揚場町2－18　白宝ビル5F
電話　03-5229-5750（営業）
03-5229-5757（編集）
URL　http://www.forestpub.co.jp

印刷・製本　日経印刷株式会社

ISBN978-4-89451-865-0　Printed in Japan

フォレスト2545新書

001	「損する生き方」のススメ	ひろさちや 石井裕之
002	脳と心の洗い方	苫米地英人
003	大好きなことをしてお金持ちになる	本田　健
004	あなたの会社が90日で儲かる！	神田昌典
005	2020年の教科書	菅下清廣
006	会社にお金が残らない本当の理由	岡本吏郎
007	なぜ、あの人は焼き肉やビールを飲み食いしても太らないのか？	饗庭秀直
008	富を手にする「ただひとつ」の法則	ウォレス・D・ワトルズ著 宇治田郁江訳
009	借金社長のための会計講座	小堺桂悦郎
010	リーダーが忘れてはならない3つの人間心理	小阪裕司

011	行動科学で人生を変える	石田　淳
012	私に売れないモノはない！	ジョー・ジラード スタンリー・H・ブラウン 著 石原薫 訳
013	コミュニケーション力を 高める文章の技術	芦永奈雄
014	38歳までにするべき 3つのこと	箱田忠昭
015	なぜ、脳は 神を創ったのか？	苫米地英人
016	「お金」と「自由」を手に入れる！ 経済自由人という生き方	本田　健
017	怒らない技術	嶋津良智
018	テロリスト化する クレーマーたち	毛利元貞
019	あなたにも来る怖い相続	松田茂樹
020	一生クビにならない脳	篠原菊紀
021	「論理力」短期集中講座	出口　汪

022	日本人の小学生に100%英語をマスターさせる法	鵜沢戸久子
023	MBAで学ぶ負けない戦略思考「ゲーム理論」入門	若菜力人
024	ローマ字で読むな！	船津　洋
025	短く伝える技術	山田進一
026	バイリンガルは二重人格	苫米地英人
027	トラウマを消す技術	マイケル・ボルダック著 堀江信宏訳
028	世界に通用する子供の育て方	中嶋嶺雄
029	日本人のためのフェイスブック入門	松宮義仁
030	なぜか、人とお金がついてくる50の習慣	たかの友梨
031	お金が貯まる！家の買い方	浦田　健
032	新「伸びる人」の条件	安達元一

033	体内時計を調節する技術	平澤栄次
034	ゾーンに入る技術	辻　秀一
035	コーチが教える！「すぐやる」技術	井上裕之
036	一人でも部下がいる人のためのパワハラ入門	千葉　博
037	「オトナ脳」は学習できない！	苫米地英人
038	日本人のためのスマートフォン入門	松宮義仁
039	日本人だけが知らない！世界標準のコミュニケーション術	近藤藤太
040	強力なモチベーションを作る15の習慣	松本幸夫
041	新版「続ける」技術	石田　淳
042	終わらす技術	野呂エイシロウ
043	夢をかなえる方程式	苫米地英人

044	AKB48 総選挙に学ぶ 心をつかむ技術	三浦博史
045	新版 なぜ、社長のベンツは 4ドアなのか？	小堺桂悦郎
046	3.11 後、日本人は どう生きるべきか？	菅下清廣
047	NATOと言われる日本人	浅野　哲
048	ソブリンリスクの正体	浜　矩子
049	衝動買いさせる技術	松本朋子
050	なぜ、あの人の「主張」だけ 通るのか?	太田龍樹
051	「遊ぶ人」ほど成功する ホントの理由	佐藤富雄
052	一流をつくる 「直感力」トレーニング	児玉光雄
053	数字はウソをつく	平林亮子
054	なぜ、留学生の99%は 英語ができないのか？	藤永丈司

055	「できる人」を1分で見抜く77の法則	谷所健一郎
056	リーダーの「新常識」	石田　淳
057	悩まずに！今すぐ顧客が集まるマーケティング	町田和隆
058	5感を揺さぶり相手を口説くプレゼンテーション	小林弘茂
059	中国美人の正体	宮脇淳子 福島香織
060	怒らない技術2	嶋津良智
061	年収200万円からの「結婚してお金持ちになる」方法	谷所健一郎
062	メダリストの言葉はなぜ心に響くのか？	青島健太
063	一瞬であなたの人生を変えるシンプルな習慣	佐藤富雄